Epiphane Ganhounzo

Qui est ton DIEU ?

Epiphane Ganhounzo

Qui est ton DIEU ?

De l'Invisible au Visible

Éditions Croix du Salut

Cover image: www.ingimage.com

Publisher:
Éditions Croix du Salut
is a trademark of
Dodo Books Indian Ocean Ltd., member of the OmniScriptum S.R.L Publishing group
str. A.Russo 15, of. 61, Chisinau-2068, Republic of Moldova Europe
Printed at: see last page
ISBN: 978-620-3-84287-6

PROPRIETAIRE DU LIVRE

NOM : ……………………………………………………………………....

PRENOM : ……………………………………………………………....

PROFESSION : …………………………………………………………

EGLISE : ……………………………………………………………….

NUMEROS : …………………………………………………………….

DATE D'ACHAT : ……………………………………………………...

ADRESSE : ………………………………………………........................

L'OBJECTIF QUE VISE CE LIVRE

Pourquoi '' **QUI EST TON DIEU ?** ''

Il y a deux choses qui font trébucher et qui causent la chute d'un chrétien : ***l'ignorance et la pauvreté***. Mais le plus grave des deux, c'est : ***l'ignorance***. Voilà pourquoi Dieu dit : *mon peuple périt faute de connaissance.*

En effet, le seul moyen dont dispose un chrétien pour connaître son Créateur, c'est de lire la Parole de ce dernier et de la méditer. Jésus disait que ceux qui écoutent la Parole de Dieu et la mettent en pratique ; c'est ceux-là qui sont ses parents et ses amis. Or, nous savons que la Parole de Dieu, c'est le Christ Jésus lui-même. Il nous faut donc lire les enseignements que Jésus nous a laissé à travers ses apôtres d'où les Évangiles. Car la foi d'un homme vient de ce qu'il voit et entend.

Cependant, nous savons également qu'il n'est pas une chose facile de lire quatre Évangiles. C'est pour cette raison que, par la grâce de l'Esprit Saint, j'ai écrit ce livre pour aider tous les chrétiens à pouvoir connaître la parole de Dieu sans avoir à lire toutes les Évangiles. D'ailleurs, un chrétien qui connait son Dieu, est comme un arbre planté au bord d'un fleuve ; il n'aura plus à craindre la sécheresse.

Ce livre nous fournit les armes nécessaires pour vaincre l'ennemi ; en ressortant les passages prophétiques sur l'arrivée du Messie.

De même, les paroles écrites ***en italique gras*** ; sont là pour attirer l'attention du lecteur, l'amenant à se poser des questions comme par exemple :

- Pourquoi Jésus a-t-il dit une telle parole ?

- Pourquoi Jésus a-t-il fait ceci ou cela ?

- Que veut-il nous enseigner à travers telles paroles ou telles œuvres ?

- Comment se comporter en face des incrédules ?

- Pourquoi Jésus s'est laissé subir toutes ces atrocités pour nous ? A la réponse à cette question par exemple, la majorité diront c'est parce que Jésus nous aime. Mais ce n'est pas seulement une question d'amour ; si Jésus a accepté tout cela ; c'est également pour nous apprendre à être soumis à notre Dieu et à lui faire confiance comme lui-même nous l'a montré, au lieu de blasphémer. C'est parce que Jésus a eu confiance en Dieu son Père et est sûr qu'il le ressusciterait conformément aux prophéties qu'il a été persévérant jusqu'à la fin. Et il a été récompensé.

C'est également grâce à la Parole de Dieu que Jésus a pu triompher de Satan dans le désert lors de sa tentation. Et ces Saints d'entre temps dont nous sommes fiers de porter les noms aujourd'hui ? N'avaient-ils pas eux aussi reçu leur part de tentation et de souffrance dans ce bas monde? Esaïe ; Job ; Etienne ; Paul ; Pierre ; Jésus etc. Pourtant, ils ont vaincu tous les obstacles ; et ça, grâce à la Parole de Dieu.

Je donne ces exemples pour montrer que malgré la misère et les problèmes que ces gens ont eu à rencontrer, ils ont su tenir ferme sur le chemin de Dieu grâce à la parole qu'ils avaient en eux. Il est à constater aussi qu'il y a un lien entre ***la souffrance et la victoire.*** Ceux qui gardent la parole de Dieu en eux, tout en la mettant en pratique ; obtiennent toujours la victoire après leur peine en fin de compte.

- Quelle victoire peut donc espérer celui qui n'a pas la parole en lui ?
- Comment un chrétien peut-il répondre à la question : '' **QUI EST TON DIEU ?** '' s'il ne lit les Saintes Écritures ?

Les hommes peuvent tout vous prendre, les démons peuvent porter atteinte à votre corps ; mais la parole de Dieu semée en vous dans votre cœur ne pourra être arraché de vous par qui que ce soit.

Souvenez-vous de ce que Jésus a répondu en ce temps-là à Marthe pendant qu'il était venu diner chez elle ? *« Pendant que Marthe s'occupait des diverses tâches domestiques et du service ; sa sœur Marie, quant à elle, était assise aux pieds du Seigneur, et écoutait sa parole. Sur ce, Marthe, survint et dit : Seigneur, cela ne te fait-il rien que ma sœur me laisse seule pour servir ? Dis-lui donc de m'aider. Le Seigneur lui répondit : Marthe, Marthe, tu t'inquiètes, et tu t'agites, pour beaucoup de choses. Une seule chose est nécessaire. Marie a choisi la bonne part, qui ne lui sera point ôtée. »*

SOMMAIRE

1- INTRODUCTION

Au commencement était la Parole, et la Parole était avec Dieu, et la Parole était Dieu. Elle était au commencement avec Dieu. Toutes choses ont été faites par elle, et rien de ce qui a été fait n'a été fait sans elle. En elle était la vie, et la vie était la lumière des hommes. La lumière luit dans les ténèbres, et les ténèbres ne l'ont point reçue. Il y eut un homme envoyé de Dieu : son nom était Jean. Il vint pour servir de témoin, pour rendre témoignage à la lumière, afin que tous crussent par lui. Il n'était pas la lumière, mais il parut pour rendre témoignage à la lumière. Cette lumière était la véritable lumière, qui, en venant dans le monde, éclaire tout homme. Elle était dans le monde, et le monde a été fait par elle, et le monde ne l'a point connue. Elle est venue chez les siens, et les siens ne l'ont point reçue. Mais à tous ceux qui l'ont reçue, à ceux qui croient en son nom, elle a donné le pouvoir de devenir enfants de Dieu, lesquels sont nés, non du sang, ni de la volonté de la chair, ni de la volonté de l'homme, mais de Dieu. Et la parole a été faite chair, et elle a habité parmi nous, pleine de grâce et de vérité ; et nous avons contemplé sa gloire, une gloire comme la gloire du Fils unique venu du Père. Jean lui a rendu témoignage, et s'est écrié : c'est celui dont j'ai dit : celui qui vient après moi m'a précédé, car il était avant moi. Et nous avons tous reçu de sa plénitude, et grâce pour grâce ; car la loi a été donnée par Moïse, la grâce et la vérité sont venues par Jésus Christ. Personne n'a jamais vu Dieu ; le Fils unique, qui est dans le sein du Père, est celui qui l'a fait connaître.

2- ZACHARIE ET L'ANGE GABRIEL

Voici donc le Commencement de l'Évangile de Jésus Christ, Fils de Dieu. Du temps d'Hérode, roi de Judée, il y avait un sacrificateur, nommé Zacharie, de la classe d'Abia, sa femme était d'entre les filles d'Aaron, et s'appelait Élisabeth. Tous deux étaient justes devant Dieu, observant d'une manière irréprochable tous les commandements et toutes les ordonnances du Seigneur. Ils n'avaient point d'enfants, parce qu'Élisabeth était stérile et ils étaient l'un et l'autre avancés en âge. Or, pendant qu'il s'acquittait de ses fonctions devant Dieu, selon le tour de sa classe, il fut appelé par le sort, d'après la règle du sacerdoce, à entrer dans le temple du Seigneur pour offrir le parfum. Toute la multitude du peuple était dehors en prière, à l'heure du parfum. Alors un ange du Seigneur apparut à Zacharie, et se tint debout à droite de l'autel des parfums. Zacharie fut troublé en le voyant, et la frayeur s'empara de lui. Mais l'ange lui dit : ne crains point, Zacharie ; car ta prière a été exaucée. Ta femme Élisabeth t'enfantera un fils, et tu lui donneras le nom de Jean. Il sera pour toi un sujet de joie et d'allégresse, et plusieurs se réjouiront de sa naissance. Car il sera grand devant le Seigneur. Il ne boira ni vin, ni liqueur enivrante, et il sera rempli de l'Esprit Saint dès le sein de sa mère ; il ramènera plusieurs des fils d'Israël au Seigneur, leur Dieu ; il marchera devant Dieu avec l'esprit et la puissance d'Élie, pour ramener les cœurs des pères vers les enfants, et les rebelles à la sagesse des justes, afin de préparer au Seigneur un peuple bien disposé. Zacharie dit à l'ange : à quoi reconnaîtrai-je cela ? Car je suis vieux, et ma femme est avancée en âge. L'ange lui répondit : je suis Gabriel, je me tiens devant Dieu ; j'ai été envoyé pour te parler, et pour t'annoncer cette bonne nouvelle. Et voici, tu seras muet, et tu ne pourras parler jusqu'au jour où ces choses arriveront, parce que tu n'as pas cru à mes paroles, qui s'accompliront en leur temps. Cependant, le peuple attendait Zacharie, s'étonnant de ce qu'il restait si longtemps dans le temple. Quand il sortit, il ne put leur parler, et ils comprirent qu'il avait eu une vision dans le temple ; il leur faisait des signes, et il resta muet. Lorsque ses jours de service furent écoulés, il s'en alla chez lui. Quelque temps après, Élisabeth, sa femme, devint enceinte. Elle se cacha pendant cinq mois, disant : c'est la grâce que le Seigneur m'a faite, quand il a jeté les yeux sur moi pour ôter mon opprobre parmi les hommes.

3- MARIE ET L'ANGE GABRIEL

Au sixième mois, l'ange Gabriel fut envoyé par Dieu dans une ville de Galilée, appelée Nazareth, auprès d'une vierge fiancée à un homme de la maison de David, nommé Joseph. Le nom de la vierge était Marie. L'ange entra chez elle, et dit : je te salue, toi à qui une grâce a été faite ; le Seigneur est avec toi. Troublée par cette parole, Marie se demandait ce que pouvait signifier une telle salutation. L'ange lui dit : ne crains point, Marie ; car tu as trouvé grâce devant Dieu. Et voici, tu deviendras enceinte, et tu enfanteras un fils, et tu lui donneras le nom de Jésus. Il sera grand et sera appelé Fils du Très Haut, et le Seigneur Dieu lui donnera le trône de David, son père. Il règnera sur la maison de Jacob éternellement, et son règne n'aura point de fin. Marie dit à l'ange : comment cela se fera-t-il, puisque je n'ai jamais connu d'homme ? L'ange lui répondit : le Saint Esprit viendra sur toi, et la puissance du Très Haut te couvrira de son ombre. C'est pourquoi le saint enfant qui naîtra de toi sera appelé Fils de Dieu. Voici, Élisabeth, ta parenté, a conçu, elle aussi, un fils en sa vieillesse, et celle qui était appelée stérile est dans son sixième mois. Car rien n'est impossible à Dieu. Marie dit : je suis la servante du Seigneur ; qu'il me soit fait selon ta parole ! Et l'ange la quitta.

4- JOSEPH ET L'ANGE DE DIEU

En ce temps, Marie, était la fiancée de Joseph. Celui-ci apprit qu'elle se trouvait enceinte alors qu'ils n'habitaient pas encore ensemble. En effet, Joseph ne savait pas que c'était l'œuvre du Saint Esprit. Son fiancé, étant un homme de bien, il ne voulait pas la diffamer, et proposa de rompre secrètement avec elle. Comme il y pensait, voici, un ange du Seigneur lui apparut en songe, et dit : Joseph, fils de David, ne crains pas de prendre avec toi Marie, ta femme, car l'enfant qu'elle a conçu vient du Saint Esprit ; elle enfantera un fils, et tu lui donneras le nom de Jésus ; c'est lui qui sauvera son peuple de ses péchés. Tout cela arriva afin que s'accomplît ce que le Seigneur avait annoncé par le prophète **(Esaïe 7 :14)** : *voici, la vierge sera enceinte, elle enfantera un fils, et on lui donnera le nom d'Emmanuel, ce qui signifie Dieu avec nous*. Joseph s'étant réveillé fit ce que l'ange du Seigneur lui avait ordonné, et il prit sa femme avec lui. Mais il ne la connut point jusqu'à ce qu'elle eût enfanté un fils, auquel il donna le nom de Jésus.

5- LA VISITE DE MARIE A ELISABETH

Marie, s'en alla en hâte vers les montagnes, dans une ville de Juda où se trouvait sa cousine. Une fois arrivée elle entra dans la maison de Zacharie, trouvant Élisabeth, elle la salua. Dès qu'Élisabeth entendit la salutation de Marie, son enfant tressaillit dans son sein, et elle fut remplie du Saint Esprit. Elle s'écria d'une voix forte : tu es bénie entre toutes les femmes, et le fruit de ton sein est béni. Comment m'est-il accordé que la mère de mon Seigneur vienne auprès de moi ? Car voici, aussitôt que la voix de ta salutation a frappé mon oreille, l'enfant a tressailli d'allégresse dans mon sein. Heureuse celle qui a cru, parce que les choses qui lui ont été dites de la part du Seigneur auront leur accomplissement.

6- CANTIQUE DE MARIE

Et Marie dit : *mon âme exalte le Seigneur, et mon esprit se réjouit en Dieu, mon Sauveur, parce qu'il a jeté les yeux sur la bassesse de sa servante. Car voici, désormais toutes les générations me diront bienheureuse, parce que le Tout Puissant a fait pour moi de grandes choses. Son nom est saint, et sa miséricorde s'étend d'âge en âge sur ceux qui le craignent. Il a déployé la force de son bras ; il a dispersé ceux qui avaient dans le cœur des pensées orgueilleuses. Il a renversé les puissants de leurs trônes, et il a élevé les humbles. Il a rassasié de biens les affamés, et il a renvoyé les riches à vide. Il a secouru Israël, son serviteur, et il s'est souvenu de sa miséricorde, comme il l'avait dit à nos pères, envers Abraham et sa postérité pour toujours.* Alors Marie demeura avec Élisabeth environ trois mois. Puis elle retourna chez elle.

7- NAISSANCE DE L'ENFANT JEAN

Le temps où Élisabeth devait accoucher arriva, et elle enfanta un fils. Ses voisins et ses parents apprirent que le Seigneur avait fait éclater envers elle sa miséricorde, et ils se réjouirent avec elle. Le huitième jour, ils vinrent pour circoncire l'enfant, et ils l'appelaient Zacharie, du nom de son père. Mais sa mère prit la parole, et dit : non, il sera appelé Jean. Ils lui dirent : il n'y a dans ta parenté personne qui soit appelé de ce nom. Et ils firent des signes à son père pour savoir comment il voulait qu'on l'appelle. Zacharie demanda des tablettes, et il écrivit : Jean est son nom. Et tous furent dans l'étonnement. Au même instant, sa bouche s'ouvrit, sa langue se délia, et il parlait, bénissant Dieu. La crainte s'empara de tous les habitants d'alentour, et, dans toutes les montagnes de la Judée, on s'entretenait de toutes ces choses. Tous ceux qui les apprirent les gardèrent dans leur cœur, en disant : que sera donc cet enfant ? Et la main du Seigneur était avec lui.

8- CANTIQUE DE ZACHARIE

Zacharie, son père, fut rempli du Saint Esprit, et il prophétisa, en ces mots : *béni soit le Seigneur, le Dieu d'Israël, de ce qu'il a visité et racheté son peuple, et nous a suscité un puissant Sauveur dans la maison de David, son serviteur, comme il l'avait annoncé par la bouche de ses saints prophètes des temps anciens. Un Sauveur qui nous délivre de nos ennemis et de la main de tous ceux qui nous haïssent ! C'est ainsi qu'il manifeste sa miséricorde envers nos pères, et se souvient de sa sainte alliance, selon le serment par lequel il avait juré à Abraham, notre père, de nous permettre, après que nous serions délivrés de la main de nos ennemis, de le servir sans crainte, en marchant devant lui dans la sainteté et dans la justice tous les jours de notre vie. Et toi, petit enfant, tu seras appelé prophète du Très Haut ; car tu marcheras devant la face du Seigneur, pour préparer ses voies, afin de donner à son peuple la connaissance du salut par le pardon de ses péchés, grâce aux entrailles de la miséricorde de notre Dieu, en vertu de laquelle le soleil levant nous a visités d'en haut, pour éclairer ceux qui sont assis dans les ténèbres et dans l'ombre de la mort, pour diriger nos pas dans le chemin de la paix.* Or, l'enfant croissait, et se fortifiait en esprit. Et il demeura dans les déserts, jusqu'au jour où il se présenta devant Israël.

9- NAISSANCE DE JÉSUS

En ce temps-là parut un édit de César Auguste, ordonnant un recensement de toute la terre. Ce premier recensement eut lieu pendant que Quirinius était gouverneur de Syrie. Tous allaient se faire inscrire, chacun dans sa ville. Joseph aussi monta de la Galilée, de la ville de Nazareth, pour se rendre en Judée, dans la ville de David, appelée Bethléhem, parce qu'il était de la maison et de la famille de David, afin de se faire inscrire avec Marie, sa fiancée, qui était enceinte. Pendant qu'ils étaient là, le temps où Marie devait accoucher arriva, et elle enfanta son fils premier-né. Elle l'emmaillota, et le coucha dans une crèche, parce qu'il n'y avait pas de place pour eux dans l'hôtellerie. Il y avait, dans cette même contrée, des bergers qui passaient dans les champs, les veilles de la nuit pour garder leurs troupeaux. Et voici, un ange du Seigneur leur apparut, et la gloire du Seigneur resplendit autour d'eux. Ils furent saisis d'une grande frayeur. Mais l'ange leur dit : ne craignez point ; car je vous annonce une bonne nouvelle, qui sera pour tout le peuple le sujet d'une grande joie : qu'aujourd'hui, dans la ville de David, il vous est né un Sauveur, qui est le Christ, le Seigneur. Et voici à quel signe vous le reconnaîtrez : vous trouverez un enfant emmailloté et couché dans une crèche. Et soudain il se joignit à l'ange une multitude de l'armée céleste, louant Dieu et disant : *gloire à Dieu au plus hauts des cieux, et paix sur la terre aux hommes qu'il aime.* Lorsque les anges les eurent quittés pour retourner au ciel, les bergers se dirent les uns aux autres : allons jusqu'à Bethléhem, et voyons ce qui est arrivé, ce que le Seigneur nous a fait connaître. Ils y allèrent en hâte, et ils trouvèrent Marie et Joseph, et le petit enfant couché dans la crèche. Après l'avoir vu, ils racontèrent ce qui leur avait été dit au sujet de ce petit enfant. Tous ceux qui les entendirent furent dans l'étonnement de ce que leur disaient les bergers. Marie gardait toutes ces choses, et les repassait dans son cœur. Et les bergers s'en retournèrent, glorifiant et louant Dieu pour tout ce qu'ils avaient entendu et vu, et qui était conforme à ce qui leur avait été annoncé.

10- L'ENFANT JÉSUS AU TEMPLE

Le huitième jour, auquel l'enfant devait être circoncis, étant arrivé, on lui donna le nom de Jésus, nom qu'avait indiqué l'ange avant qu'il fût conçu dans le sein de sa mère. Et, quand les jours de leur purification furent accomplis, selon la loi de Moïse, Joseph et Marie le portèrent à Jérusalem, pour le présenter au Seigneur, suivant ce qui est écrit dans la loi du Seigneur : tout mâle premier-né sera consacré au Seigneur, et pour offrir en sacrifice deux tourterelles ou deux jeunes pigeons, comme cela est prescrit dans la loi du Seigneur. Et voici, il y avait à Jérusalem un homme appelé Siméon. Cet homme était juste et pieux, il attendait la consolation d'Israël, et l'Esprit Saint était sur lui. Il avait été divinement averti par le Saint Esprit qu'il ne mourrait point avant d'avoir vu le Christ du Seigneur. Il vint au temple, poussé par l'Esprit, et, comme les parents apportaient le petit enfant Jésus pour accomplir à son égard ce que prescrivait la loi, il le reçut dans ses bras, bénit Dieu, et dit : *maintenant, Seigneur, tu laisses ton serviteur s'en aller en paix, selon ta parole. Car mes yeux ont vu ton salut, salut que tu as préparé devant tous les peuples, Lumière pour éclairer les nations, et gloire d'Israël, ton peuple.* Son père et sa mère étaient dans l'admiration des choses qu'on disait de lui. Siméon les bénit, et dit à Marie, sa mère : *voici, cet enfant est destiné à amener la chute et le relèvement de plusieurs en Israël, et à devenir un signe qui provoquera la contradiction, et à toi-même une épée te transpercera l'âme, afin que les pensées de beaucoup de cœurs soient dévoilées.* Il y avait aussi une prophétesse, Anne, fille de Phanuel, de la tribu d'Aser. Elle était fort avancée en âge, et elle avait vécu sept ans avec son mari depuis sa virginité. Restée veuve, et âgée de quatre-vingt-quatre ans, elle ne quittait pas le temple, et elle servait Dieu nuit et jour dans le jeûne et dans la prière. Étant survenue, elle aussi, à cette même heure, elle louait Dieu, et elle parlait de Jésus à tous ceux qui attendaient la délivrance de Jérusalem.

11- LA VISITE DES MAGES

Voici des mages d'Orient arrivèrent à Jérusalem, et dirent : où est le roi des Juifs qui vient de naître ? Car nous avons vu son étoile en Orient, et nous sommes venus pour l'adorer. Le roi Hérode, ayant appris cela, fut troublé, et tout Jérusalem avec lui. Il assembla tous les principaux sacrificateurs et les scribes du peuple, et il s'informa auprès d'eux où devait naître le Christ. Ils lui dirent : à Bethléhem en Judée ; car voici ce qui a été écrit par le prophète **(Michée 5 :1)** : *et toi, Bethléhem, terre de Juda, tu n'es certes pas la moindre entre les principales villes de Juda, car de toi sortira un chef qui paîtra Israël, mon peuple.* Alors Hérode fit appeler en secret les mages, et s'enquit soigneusement auprès d'eux depuis combien de temps l'étoile brillait. Puis il les envoya à Bethléhem, en disant : allez, et prenez des informations exactes sur le petit enfant ; quand vous l'aurez trouvé, faites-le-moi savoir, afin que j'aille aussi moi-même l'adorer. Après avoir entendu le roi, ils partirent. Et voici, l'étoile qu'ils avaient vue en Orient marchait devant eux jusqu'à ce qu'étant arrivée au-dessus du lieu où était le petit enfant, elle s'arrêta. Quand ils aperçurent l'étoile, ils furent saisis d'une très grande joie. Ils entrèrent dans la maison, virent le petit enfant avec Marie, sa mère, se prosternèrent et l'adorèrent ; ils ouvrirent ensuite leurs trésors, et lui offrirent en présent de l'or, de l'encens et de la myrrhe. Puis, divinement avertis en songe de ne pas retourner vers Hérode, ils regagnèrent leur pays par un autre chemin.

12- LE MASSACRE A BETHLÉHEM

Lorsqu'ils furent partis, voici, un ange du Seigneur apparut en songe à Joseph, et dit : lève-toi, prends le petit enfant et sa mère, fuis en Égypte, et restes-y jusqu'à ce que je te parle car Hérode cherchera le petit enfant pour le faire périr. Joseph se leva, prit de nuit le petit enfant et sa mère, et se retira en Égypte. Il y resta jusqu'à la mort d'Hérode, afin que s'accomplît ce que le Seigneur avait annoncé par le prophète **(Osée 11 :1)** : *j'ai appelé mon fils hors d'Égypte.* Alors Hérode, voyant qu'il avait été joué par les mages, se mit dans une grande colère, et il envoya tuer tous les enfants de deux ans et au-dessous qui étaient à Bethléhem et dans tout son territoire, selon la date dont il s'était soigneusement enquis auprès des mages. Alors s'accomplit ce qui avait été annoncé par le prophète **Jérémie (31 :15)** *: on a entendu des cris à Rama, des pleurs et de grandes lamentations : Rachel pleure ses enfants, et n'a pas voulu être consolée, parce qu'ils ne sont plus.*

13- LA SORTIE D'ÉGYPTE

Quand Hérode fut mort, voici, un ange du Seigneur apparut en songe à Joseph, en Égypte, et dit : lève-toi, prends le petit enfant et sa mère, et va dans le pays d'Israël, car ceux qui en voulaient à la vie du petit enfant sont morts. Joseph se leva, prit le petit enfant et sa mère, et alla dans le pays d'Israël. Mais, ayant appris qu'Archélaüs régnait sur la Judée à la place d'Hérode, son père, il craignit de s'y rendre ; et, divinement averti en songe, il se retira dans le territoire de la Galilée, et vint demeurer dans une ville appelée Nazareth, afin que s'accomplît ce qui avait été annoncé par les prophètes : *il sera appelé Nazaréen.*

14- JÉSUS AU TEMPLE A SES DOUZE ANS

L'enfant croissait et se fortifiait. Il était rempli de sagesse, et la grâce de Dieu était sur lui. Les parents de Jésus allaient chaque année à Jérusalem, à la fête de Pâque. Lorsqu'il fut âgé de douze ans, ils y montèrent, selon la coutume de la fête. Puis, quand les jours furent écoulés, et qu'ils s'en retournèrent, l'enfant Jésus resta à Jérusalem. Son père et sa mère ne s'en aperçurent pas. Croyant qu'il était avec leurs compagnons de voyage, ils firent une journée de chemin, et le cherchèrent parmi leurs parents et leurs connaissances. Mais, ne l'ayant pas trouvé, ils retournèrent à Jérusalem pour le chercher. Au bout de trois jours, ils le trouvèrent dans le temple, assis au milieu des docteurs, les écoutant et les interrogeant. Tous ceux qui l'entendaient étaient frappés de son intelligence et de ses réponses. Quand ses parents le virent, ils furent saisis d'étonnement, et sa mère lui dit : mon enfant, pourquoi as-tu agi de la sorte avec nous ? Voici, ton père et moi, nous te cherchions avec angoisse. Il leur dit : pourquoi me cherchiez-vous ? Ne saviez-vous pas qu'il faut que je m'occupe des affaires de mon Père ? Mais ils ne comprirent pas ce qu'il leur disait. Puis il descendit avec eux pour aller à Nazareth, et il leur était soumis. Sa mère gardait toutes ces choses dans son cœur. Et Jésus croissait en sagesse, en stature, et en grâce, devant Dieu et devant les hommes.

15- LE TEMOIGNAGE DE JEAN

La quinzième année du règne de Tibère César, lorsque Ponce Pilate était gouverneur de la Judée, Hérode tétrarque de la Galilée, son frère Philippe tétrarque de l'Iturée et du territoire de la Trachonite, Lysanias tétrarque de l'Abilène, et du temps des souverains sacrificateurs Anne et Caïphe ; la parole de Dieu fut adressée à Jean, fils de Zacharie, dans le désert. Jean avait un vêtement de poils de chameau, et une ceinture de cuir autour des reins. Il se nourrissait de sauterelles et de miel sauvage. Voici le témoignage de Jean, lorsque les Juifs envoyèrent de Jérusalem des sacrificateurs et des Lévites, pour lui demander : toi, qui es-tu ? Il déclara, et ne le nia point, qu'il n'était pas le Christ. Et ils lui demandèrent : quoi donc ? Es-tu Élie ? Et il dit : je ne le suis point. Es-tu le prophète ? Et il répondit : non. Ils lui dirent alors : qui es-tu ? Afin que nous donnions une réponse à ceux qui nous ont envoyés. Que dis-tu de toi-même ? Selon ce qui est écrit dans le livre des paroles d'Esaïe, le prophète **(Esaïe 40 :3-5)** ; moi, dit-il, je suis la voix de celui qui crie dans le désert *: préparez le chemin du Seigneur, aplanissez ses sentiers. Toute vallée sera comblée, toute montagne et toute colline seront abaissées ; ce qui est tortueux sera redressé, et les chemins raboteux seront aplanis. Et toute chair verra le salut de Dieu.* Ceux qui avaient été envoyés étaient des pharisiens, lui firent encore cette question : pourquoi donc baptises-tu, si tu n'es pas le Christ, ni Elie, ni le prophète ? Jean leur répondit : moi, je baptise d'eau pour vous amener à la repentance, mais au milieu de vous il y a quelqu'un que vous ne connaissez pas, qui vient après moi ; plus puissant que moi, et je ne suis pas digne de porter ses souliers. Lui, il vous baptisera du Saint Esprit et de feu. Les habitants de Jérusalem, de toute la Judée et de tout le pays des environs du Jourdain, se rendaient auprès de lui ; et, confessant leurs péchés, ils se faisaient baptiser par lui dans le fleuve du Jourdain. Mais, voyant venir à son baptême beaucoup de pharisiens et de sadducéens, il leur dit races de vipères, qui vous a appris à fuir la colère à venir ? Produisez donc des fruits dignes de la repentance, et ne vous mettez pas à dire en vous-mêmes : nous avons Abraham pour père ! Car je vous déclare que de ces pierres Dieu peut susciter des enfants à Abraham. Déjà même la cognée est mise à la racine des arbres : tout arbre donc qui ne produit pas de bons fruits sera coupé et jeté au feu. Il a son van à la main, il nettoiera son aire, et il amassera son blé dans le grenier, mais il brûlera la paille dans un feu qui ne s'éteint point. La foule l'interrogeait : que devons-nous donc faire ? Il leur répondit : ***que celui qui a deux tuniques partage avec celui qui n'en a point, et que celui qui a de quoi manger agisse de même***. Il vint aussi des publicains pour être baptisés, et ils lui dirent Maître, que devons-nous faire ? Il leur répondit : ***n'exigez rien au-delà de ce qui vous a été ordonné***. Des soldats aussi lui demandèrent : et nous, que devons-nous faire ? Il leur répondit ***: ne commettez ni extorsion, ni fraude envers personne, et contentez-vous de votre solde.*** C'est ainsi que Jean annonçait la bonne nouvelle au peuple, en lui adressant encore beaucoup d'autres exhortations. Ces choses se passèrent à Béthanie, au-delà du Jourdain, où Jean baptisait.

16- BAPTEME DE JÉSUS

Le lendemain, il vit Jésus venant à lui pour être baptisé, mais Jean s'y opposait, en disant : c'est moi qui ai besoin d'être baptisé par toi, et tu viens à moi ! Jésus lui répondit : laisse faire maintenant, car il est convenable que nous accomplissions ainsi tout ce qui est juste. Et Jean ne lui résista plus. Dès que Jésus eut été baptisé, il sortit de l'eau. Et voici, une voix fit entendre des cieux ces paroles : celui-ci est mon Fils bien-aimé, en qui j'ai mis toute mon affection. Le lendemain, Jean était encore là, avec deux de ses disciples ; et, ayant regardé Jésus qui passait, il dit : voici l'Agneau de Dieu, qui ôte le péché du monde. C'est celui dont j'ai dit : après moi vient un homme qui m'a précédé, car il était avant moi. Je ne le connaissais pas, mais c'est afin qu'il fût manifesté à Israël que je suis venu baptiser d'eau. J'ai vu l'Esprit descendre du ciel comme une colombe et s'arrêter sur lui. Je ne le connaissais pas, mais celui qui m'a envoyé baptiser d'eau, celui-là m'a dit : celui sur qui tu verras l'Esprit descendre et s'arrêter, c'est celui qui baptise du Saint Esprit. Les deux disciples l'entendirent prononcer ces paroles, et ils suivirent Jésus. Jésus se retourna, et voyant qu'ils le suivaient, il leur dit : que cherchez-vous ? Ils lui répondirent : rabbi *(ce qui signifie Maître)*, où demeures-tu ? Venez, leur dit-il, et voyez. Ils allèrent, et ils virent où il demeurait ; et ils restèrent auprès de lui ce jour-là. C'était environ la dixième heure (16h). En ce temps, Jésus avait environ trente ans lorsqu'il commença son ministère.

En effet, voici la Généalogie de Jésus Christ, fils de Dieu.

Dieu créa Adam;
Adam engendra Seth;
Seth engendra Énos ;
Énos engendra Kaïnan ;

Kaïnan Maléléel ;
Maléléel engendra Jared ;
Jared engendra Énoch ;
Énoch engendra Mathusala ;
Mathusala engendra Lamek;
Lamek engendra Noé;
Noé engendra sem;
Sem engendra Arphaxad;
Arphaxad engendra Kaïnam;
Kaïnam engendra Sala;
Sala engendra Éber;
Éber engendra Phalek ;
Phalek engendra Ragau ;
Ragau engendra Seruch;
Seruch engendra Nachor;
Nachor engendra Thara;
Thara engendra Abraham
Abraham engendra Isaac ;
Isaac engendra Jacob ;
Jacob engendra Juda et ses frères ;
Juda engendra de Thamar Pharès et Zara ;
Pharès engendra Esrom ;
Esrom engendra aram;
Aram engendra Aminadab;
Aminadab engendra Naasson ;
Naasson engendra Salmon ;
Salmon engendra Boaz de Rahab ;
Boaz engendra Jobed de Ruth ;
Jobed engendra Jessé ;
Jessé engendra David.
Le roi David engendra Salomon de la femme d'Urie ;
Salomon engendra Roboam;
Roboam engendra Abia;
Abia engendra Asa;
Asa engendra Josaphat;
Josaphat engendra Joram;
Joram engendra Ozias;
Ozias engendra Joatham;
Joatham engendra Achaz;
Achaz engendra Ézéchias ;
Ézéchias engendra Manassé ;
Manassé engendra Amon ;
Amon engendra Josias ;
Josias engendra Jéchonias et ses frères, au temps de la déportation à Babylone.
Après la déportation à Babylone,
Jéchonias engendra Salathiel ;
Salathiel engendra Zorobabel ;
Zorobabel engendra Abiud (Abioud) ;
Abiud engendra Éliakim ;
Éliakim engendra Azor;

Azor engendra Sadok;
Sadok engendra Akhim;
Akhim engendra Éliud (Elioud);
Éliud engendra Éléazar;
Éléazar engendra Matthan;
Matthan engendra Jacob ;
Jacob engendra Joseph, l'époux de Marie, de laquelle est né Jésus, qui est appelé Christ.

17- TENTATION DE JÉSUS

Jésus, rempli du Saint Esprit, revint du Jourdain, et il fut conduit par l'Esprit dans le désert. Il était avec les bêtes sauvages ; où il fut tenté par le diable pendant quarante jours et quarante nuits. Il ne mangea rien durant ces jours-là, et, après qu'ils furent écoulés, il eut faim.

-Le tentateur, s'étant approché, lui dit : si tu es Fils de Dieu, ordonne que ces pierres deviennent des pains. Jésus répondit : il est écrit **(Deutéronome8 :3)** *: l'homme ne vivra pas de pain seulement, mais de toute parole qui sort de la bouche de Dieu.*

- Le diable le transporta dans la ville sainte, le plaça sur le haut du temple, et lui dit : si tu es Fils de Dieu, jette-toi en bas ; car il est écrit **(psaume91 :11-12)** : *il donnera des ordres à ses anges à ton sujet ; et ils te porteront sur les mains, de peur que ton pied ne heurte contre une pierre.* Jésus lui dit : il est aussi écrit **(Deutéronome6 :16)** *tu ne tenteras point le Seigneur, ton Dieu.*

-Le diable le transporta encore sur une montagne très élevée, lui montra tous les royaumes du monde et leur gloire, et lui dit : je te donnerai toute cette puissance, et la gloire de ces royaumes ; car elle m'a été donnée, et je la donne à qui je veux. Si donc tu te prosternes devant moi et si tu m'adores, elle sera toute à toi. Jésus lui dit : retire-toi, Satan ! Car il est écrit **(Deutéronome5 :7)** : *tu adoreras le Seigneur, ton Dieu, et tu ne rendras culte qu'à lui seul.* Après l'avoir tenté de toutes ces manières, le diable s'éloigna de lui jusqu'à un moment favorable. Et voici, des anges vinrent auprès de Jésus, et le servaient. André, frère de Simon Pierre, était l'un des deux qui avaient entendu les paroles de Jean, et qui avaient suivi Jésus. Ce fut lui qui rencontra le premier son frère Simon, et il lui dit : nous avons trouvé le Messie *(ce qui signifie Christ).* Jésus, revêtu de la puissance de l'Esprit, retourna en Galilée, et sa renommée se répandit dans tout le pays d'alentour.

18- LE PREMIER MIRACLE DE JESUS

Trois jours après, il y eut des noces à Cana en Galilée. La mère de Jésus était là, et Jésus fut aussi invité aux noces avec ses disciples. Le vin ayant manqué, la mère de Jésus lui dit : ils n'ont plus de vin. Jésus lui répondit : femme, qu'y a-t-il entre moi et toi ? Mon heure n'est pas encore venue. Sa mère dit aux serviteurs : faites ce qu'il vous dira. Or, il y avait là six vases de pierre, destinés aux purifications des Juifs, et contenant chacun deux ou trois mesures. Jésus leur dit : remplissez d'eau ces vases. Et ils les remplirent jusqu'au bord. Puisez maintenant, leur dit-il, et portez-en à l'ordonnateur du repas. Et ils en portèrent. Quand l'ordonnateur du repas eut goûté l'eau changée en vin, ne sachant d'où venait ce vin, tandis que les serviteurs, qui avaient puisé l'eau, le savaient bien, il appela l'époux, et lui dit : tout homme sert d'abord le bon vin, puis le moins bon après qu'on s'est enivré ; toi, tu as gardé le bon vin jusqu'à présent. Tel fut, à Cana en Galilée, le premier des miracles que fit Jésus. Il manifesta sa gloire, et ses disciples crurent en lui. Après cela, il descendit à Capernaüm, avec sa mère, ses frères et ses disciples, et ils n'y demeurèrent que peu de jours. Après que Jean eut été livré, Jésus alla dans la Galilée, prêchant l'Évangile de Dieu. Il disait : le temps est accompli, et le royaume de Dieu est proche. Repentez-vous, et croyez à la bonne nouvelle. Comme Jésus se trouvait auprès du lac de Génésareth, et que la foule se pressait autour de lui pour entendre la parole de Dieu, il vit au bord du lac deux barques, d'où les pêcheurs étaient descendus pour laver leurs filets. Il monta dans l'une de ces barques, qui était à Simon, et il le pria de s'éloigner un peu de terre. Puis il s'assit, et de la barque il enseignait la foule. Lorsqu'il eut cessé de parler, il dit à Simon : avance en pleine eau, et jetez vos filets pour pêcher. Simon lui répondit : maître, nous avons travaillé toute la nuit sans rien prendre ; mais, sur ta parole, je jetterai le filet. L'ayant jeté, ils prirent une grande quantité de poissons, et leur filet se rompait. Ils firent signe à leurs compagnons qui étaient dans l'autre barque de venir les aider. Ils vinrent et ils remplirent les deux barques, au point qu'elles enfonçaient. Quand il vit cela, Simon Pierre tomba aux genoux de Jésus, et dit : Seigneur, retire-toi de moi, parce que je suis un homme pécheur. Car l'épouvante l'avait saisi, lui et tous ceux qui étaient avec lui, à cause de la pêche qu'ils avaient faite. Il en était de même de Jacques et de Jean, fils de Zébédée, les associés de Simon. Jésus, l'ayant regardé, dit : tu es Simon, fils de Jonas ; tu seras appelé Céphas *(ce qui signifie Pierre).* Alors Jésus dit à Simon : ne crains point ; désormais tu seras pêcheur d'hommes. Et, ayant ramené les barques à terre, ils laissèrent tout, et leur père Zébédée dans la barque avec les ouvriers, ils le suivirent. Le lendemain, Jésus voulut se rendre en Galilée, et il rencontra Philippe. Il lui dit : suis-moi. Philippe était de Bethsaïda, de la ville d'André et de Pierre. Philippe rencontra Nathanaël, et lui dit : nous avons trouvé celui de qui Moïse a écrit dans la loi et dont les prophètes ont parlé, Jésus de Nazareth, fils de Joseph. Nathanaël lui dit : peut-il venir de Nazareth quelque chose de bon ? Philippe lui répondit : viens, et vois. Jésus, voyant venir à lui Nathanaël, dit de lui : voici vraiment un Israélite, dans lequel il n'y a point de fraude. D'où je connais-tu ? lui dit Nathanaël. Jésus lui répondit : avant que Philippe t'appelât, quand tu étais sous le figuier, je t'ai vu. Nathanaël lui dit : rabbi, tu es le Fils de Dieu, tu es le roi d'Israël. Jésus lui répondit : parce que je t'ai dit que je t'ai vu sous le figuier, tu crois ; tu verras de plus grandes choses que celles-ci. Et il lui dit : en vérité, en vérité, vous verrez désormais le ciel ouvert et les anges de Dieu monter et descendre sur le Fils de l'homme.

19- ÉCHEC DE LA PRÉDICATION A NAZARETH

Il se rendit dans sa patrie à Nazareth, où il avait été élevé, et, selon sa coutume, il entra dans la synagogue le jour du sabbat. Il se leva pour faire la lecture, et on lui remit le livre du prophète **(Esaïe 61 :1-2)**. L'ayant déroulé, il trouva l'endroit où il était écrit : *l'Esprit du Seigneur est sur moi, parce qu'il m'a oint pour annoncer une bonne nouvelle aux pauvres ; il m'a envoyé pour guérir ceux qui ont le cœur brisé, pour proclamer aux captifs la délivrance, et aux aveugles le recouvrement de la vue, pour renvoyer libres les opprimés, pour publier une année de grâce du Seigneur.* Ensuite, il roula le livre, le remit au serviteur, et s'assit. Tous ceux qui se trouvaient dans la synagogue avaient les regards fixés sur lui. Alors il commença à leur dire : aujourd'hui cette parole de l'Écriture, que vous venez d'entendre, est accomplie. Et tous lui rendaient témoignage ; ils étaient étonnés des paroles de grâce qui sortaient de sa bouche, et ils disaient : d'où lui viennent cette sagesse et ces miracles ? N'est-ce pas le fils de Joseph le charpentier ? N'est-ce pas Marie qui est sa mère ? Jacques, Joseph, Simon et Jude, ne sont-ils pas ses frères ? Et ses sœurs ne sont-elles pas toutes parmi nous ? D'où lui viennent donc toutes ces choses ? Et il était pour eux un scandale. Mais Jésus leur dit : un prophète n'est méprisé que dans sa patrie et dans sa maison. Jésus leur dit : Sans doute vous m'appliquerez ce proverbe : médecin, guéris-toi toi-même ; et vous me direz : fais ici, dans ta patrie, tout ce que nous avons appris que tu as fait à Capernaüm. Je vous le dis en vérité : *il y avait plusieurs veuves en Israël du temps d'Élie, lorsque le ciel fut fermé trois ans et six mois et qu'il y eut une grande famine* *sur toute la terre ; et cependant Élie ne fut envoyé vers aucune d'elles, si ce n'est vers une femme veuve, à Sarepta, dans le pays de Sidon* **(1Roi 17 :3-17)**. *Il y avait aussi plusieurs lépreux en Israël du temps d'Élisée, le prophète ; et cependant aucun d'eux ne fut purifié, si ce n'est Naaman le Syrien* **(2Roi 5 :1-15)**. Ils furent tous remplis de colère dans la synagogue, lorsqu'ils entendirent ces choses. Et s'étant levés, ils le chassèrent de la ville, et le menèrent jusqu'au sommet de la montagne sur laquelle leur ville était bâtie, afin de le précipiter en bas. Mais Jésus, passant au milieu d'eux, s'en alla. Et il ne fit pas beaucoup de miracles dans ce lieu, à cause de leur incrédulité.

20- LES BEATITUDES

Une grande foule le suivit, de la Galilée, de la Décapole, de Jérusalem, de la Judée, et d'au-delà du Jourdain. Voyant la foule, Jésus monta sur la montagne ; et, après qu'il se fut assis, ses disciples s'approchèrent de lui. Puis, ayant ouvert la bouche, il les enseigna, et dit :

Heureux les pauvres en esprit, car le royaume des cieux est à eux !

Heureux vous qui avez faim maintenant, car vous serez rassasiés !

Heureux vous qui pleurez maintenant, car vous serez dans la joie !

Heureux les débonnaires (bienveillant, doux), car ils hériteront la terre !

Heureux ceux qui ont faim et soif de la justice, car ils seront rassasiés !

Heureux les miséricordieux, car ils obtiendront miséricorde !

Heureux ceux qui ont le cœur pur, car ils verront Dieu !

Heureux ceux qui procurent la paix, car ils seront appelés fils de Dieu !

Heureux ceux qui sont persécutés pour la justice, car le royaume des cieux est à eux !

Heureux serez-vous, lorsque les hommes vous haïront, lorsqu'on vous chassera, vous outragera, et qu'on rejettera votre nom comme infâme, à cause du Fils de l'homme ! Réjouissez-vous-en ce jour-là et tressaillez d'allégresse, parce que votre récompense sera grande dans le ciel ; car c'est ainsi que leurs pères traitaient les prophètes.

Mais, malheur à vous, riches, car vous avez votre consolation !
Malheur à vous qui êtes rassasiés, car vous aurez faim !
Malheur à vous qui riez maintenant, car vous serez dans le deuil et dans les larmes !
Malheur, lorsque tous les hommes diront du bien de vous, car c'est ainsi qu'agissaient leurs pères à l'égard des faux prophètes !

21- CHARITE ENVERS SON PROCHAIN

Vous avez appris qu'il a été dit : *œil pour œil, et dent pour dent* **(Exode 21 :24)**. Mais je vous dis, à vous qui m'écoutez : *aimez vos ennemis, faites du bien à ceux qui vous haïssent, bénissez ceux qui vous maudissent, priez pour ceux qui vous maltraitent.* ***Si quelqu'un te frappe sur une joue, présente-lui aussi l'autre. Si quelqu'un prend ton manteau, ne l'empêche pas de prendre encore ta tunique. Donne à quiconque te demande, et ne réclame pas ton bien à celui qui s'en empare. Ce que vous voulez que les hommes fassent pour vous, faites-le de même pour eux***. Si vous aimez ceux qui vous aiment, quel gré vous en saura-t-on ? Les pécheurs aussi aiment ceux qui les aiment. Si vous faites du bien à ceux qui vous font du bien, quel gré vous en saura-t-on ? Les pécheurs aussi agissent de même. Et si vous prêtez à ceux de qui vous espérez recevoir, quel gré vous en saura-t-on ? Les pécheurs aussi prêtent aux pécheurs, afin de recevoir la pareille. Mais moi, je vous dis : aimez vos ennemis, bénissez ceux qui vous maudissent, faites du bien à ceux qui vous haïssent, et priez pour ceux qui vous maltraitent et qui vous persécutent, afin que vous soyez fils de votre Père qui est dans les cieux ; car il fait lever son soleil sur les méchants et sur les bons, et il fait pleuvoir sur les justes et sur les injustes. Si vous aimez ceux qui vous aiment, quelle récompense méritez-vous ? Les publicains aussi n'agissent-ils pas de même ? Et si vous saluez seulement vos frères, que faites-vous d'extraordinaire ? Les païens aussi n'agissent-ils pas de même ? ***Si quelqu'un te force à faire un mille, fais-en deux avec lui.*** Soyez donc parfaits, comme votre Père céleste est parfait. Soyez donc miséricordieux, comme votre Père est miséricordieux. ***Ne jugez point, et vous ne serez point jugés ; ne condamnez point, et vous ne serez point condamnés ; absolvez, et vous serez absous. Car on vous jugera du jugement dont vous jugez, et l'on vous mesurera avec la mesure dont vous mesurez. Donnez, et il vous sera donné : on versera dans votre sein une bonne mesure, serrée, secouée et qui déborde ; car on vous mesurera avec la mesure dont vous vous serez servis.***

22- LA PAILLE ET LA POUTRE

Il leur dit aussi cette parabole : un aveugle peut-il conduire un aveugle ? Ne tomberont-ils pas tous deux dans une fosse ? Pourquoi vois-tu la paille qui est dans l'œil de ton frère, et n'aperçois-tu pas la poutre qui est dans ton œil ? Ou comment peux-tu dire à ton frère : laisse-moi ôter une paille de ton œil, toi qui as une poutre dans le tien ? Hypocrite, ôte premièrement la poutre de ton œil, et alors tu verras comment ôter la paille de l'œil de ton frère. Ne donnez pas les choses saintes aux chiens, et ne jetez pas vos perles devant les pourceaux, de peur qu'ils ne les foulent aux pieds, ne se retournent et ne vous déchirent.

23- PURIFICATION D'UN LÉPREUX

Lorsque Jésus fut descendu de la montagne, une grande foule le suivit. Et il alla prêcher dans les synagogues, par toute la Galilée, et il chassa les démons. Jésus était dans une des villes ; et voici, un homme couvert de lèpre, l'ayant vu, tomba sur sa face, et lui fit cette prière : ***Seigneur, si tu le veux, tu peux me rendre pur***. Jésus étendit la main, le toucha, et dit : ***je le veux, sois pur.*** Aussitôt la lèpre le quitta. Puis il lui ordonna de n'en parler à personne. Mais, dit-il, va te montrer au sacrificateur, et offre pour ta purification ce que Moïse a prescrit, afin que cela leur serve de témoignage. Sa renommée se répandait de plus en plus, et les gens venaient en foule pour l'entendre et pour être guéris de leurs maladies.

24- LA GUÉRISON DU PARALYTIQUE

Jésus, étant monté dans une barque, traversa la mer, et alla dans sa ville. Quelques jours après, revint à Capernaüm. On apprit qu'il était à la maison, et il s'assembla un si grand nombre de personnes que l'espace devant la porte ne pouvait plus les contenir. Il leur annonçait la parole. Des pharisiens et des docteurs de la loi étaient là assis, venus de tous les villages de la Galilée, de la Judée et de Jérusalem ; et la puissance du Seigneur se manifestait par des guérisons. Et voici, des gens, portant sur un lit un homme qui était paralytique, cherchaient à le faire entrer et à le placer sous ses regards. Comme ils ne savaient par où l'introduire, à cause de la foule, ils montèrent sur le toit, et ils le descendirent par une ouverture, avec son lit, au milieu de l'assemblée, devant Jésus. Jésus, voyant leur foi, dit au paralytique : mon enfant, tes péchés sont pardonnés. Les scribes et les pharisiens se mirent à raisonner et à dire : qui est celui-ci, qui profère des blasphèmes ? Qui peut pardonner les péchés, si ce n'est Dieu seul ? Jésus, ayant aussitôt connu par son esprit ce qu'ils pensaient au dedans d'eux, leur dit : pourquoi avez-vous de telles pensées dans vos cœurs ? Lequel est le plus facile, de dire : ***tes péchés te sont pardonnés, ou de dire : lève-toi, et marche ? Or, afin que vous sachiez que le Fils de l'homme***

a sur la terre le pouvoir de pardonner les péchés : je te l'ordonne, dit-il au paralytique, lève-toi, prends ton lit, et va dans ta maison. Et, à l'instant, il se leva en leur présence, prit le lit sur lequel il était couché, et s'en alla dans sa maison, glorifiant Dieu. Tous étaient dans l'étonnement, et glorifiaient Dieu qui a donné aux hommes un tel pouvoir ; remplis de crainte, ils disaient : nous n'avons jamais rien vu de pareil.

25- COMMENT ADRESSER UNE PRIÈRE A DIEU ?

Lorsque vous priez, ne soyez pas comme les hypocrites, qui aiment prier debout dans les synagogues et aux coins des rues, pour être vus des hommes. Je vous le dis en vérité, ils reçoivent leur récompense. Mais toi, quand tu pries, entre dans ta chambre, ferme ta porte, et prie ton Père qui est là dans le lieu secret ; et ton Père, qui voit dans le secret, te le rendra. ***En priant, ne multipliez pas de vaines paroles, comme les païens, qui s'imaginent qu'à force de paroles ils seront exaucés. Ne leur ressemblez pas ; car votre Père sait de quoi vous avez besoin, avant que vous le lui demandiez.*** Il dit encore cette parabole, en vue de certaines personnes se persuadant qu'elles étaient justes, et ne faisant aucun cas des autres : deux hommes montèrent au temple pour prier ; l'un était pharisien, et l'autre publicain. Le pharisien, debout, priait ainsi en lui-même : ***ô Dieu, je te rends grâces de ce que je ne suis pas comme le reste des hommes, qui sont ravisseurs, injustes, adultères, ou même comme ce publicain ; je jeûne deux fois la semaine, je donne la dîme de tous mes revenus.*** Le publicain, se tenant à distance, n'osait même pas lever les yeux au ciel ; mais il se frappait la poitrine, en disant : ***ô Dieu, sois apaisé envers moi, qui suis un pécheur. Je vous le dis, celui-ci descendit dans sa maison justifiée, plutôt que l'autre. Car quiconque s'élève sera abaissé, et celui qui s'abaisse sera élevé.***

26- LE NOTRE PÈRE

Jésus priait un jour en un certain lieu. Lorsqu'il eut achevé, un de ses disciples lui dit : Seigneur, enseigne-nous à prier, comme Jean l'a enseigné à ses disciples. Alors il leurs dit : voici donc comment vous devez prier. ***Notre Père qui est aux cieux ! Que ton nom soit sanctifié ; que ton règne vienne ; que ta volonté soit faite sur la terre comme au ciel. Donne-nous aujourd'hui notre pain quotidien ; pardonne-nous nos offenses, comme nous aussi nous pardonnons à ceux qui nous ont offensés ; ne nous induis pas en tentation, mais délivre-nous du malin. Car c'est à toi qu'appartiennent, dans tous les siècles, le règne, la puissance et la gloire. Amen !***

27- LE PARDON ET CORRECTION ENTRE FRÈRE

En effet, Si vous pardonnez aux hommes leurs offenses, votre Père céleste vous pardonnera aussi. Mais si vous ne pardonnez pas aux hommes, votre Père ne vous pardonnera pas non plus vos offenses. Si ton frère a péché, va et reprends-le entre toi et lui seul. S'il t'écoute, tu as gagné ton frère. Mais, s'il ne t'écoute pas, prends avec toi une ou deux personnes, afin que toute l'affaire se règle sur la déclaration de deux ou de trois témoins. S'il refuse de les écouter, dis-le à l'Église ; et s'il refuse aussi d'écouter l'Église, qu'il soit pour toi comme un païen et un publicain. ***Et s'il a péché contre toi sept fois dans un jour et que sept fois il revienne à toi, disant : je me repens, tu lui pardonneras.*** Alors Pierre s'approcha de lui, et dit : ***Seigneur, combien de fois pardonnerai-je à mon frère, lorsqu'il péchera contre moi ? Serait-ce jusqu'à sept fois ? Jésus lui dit : je ne te dis pas jusqu'à sept fois, mais jusqu'à soixante-dix-sept fois sept fois.***

28- EXEMPLE DE PARDON

C'est pourquoi, le royaume des cieux est semblable à un roi qui voulut faire rendre compte à ses serviteurs. Quand il se mit à compter, on lui en amena un qui devait dix mille talents. Comme il n'avait pas de quoi payer, son maître ordonna qu'il fût vendu, lui, sa femme, ses enfants, et tout ce qu'il avait, et que la dette fût acquittée. Le serviteur, se jetant à terre, se prosterna devant lui, et dit : Seigneur, aie patience envers moi, et je te paierai tout. Ému de compassion, le maître de ce serviteur le laissa aller, et lui remit la dette. Après qu'il fut sorti, ce serviteur rencontra un de ses compagnons qui lui devait cent deniers. Il le saisit et l'étranglait, en disant : paie ce que tu me dois. Son compagnon, se jetant à terre, le suppliait, disant : aie patience envers moi, et je te paierai. Mais l'autre ne voulut pas, et il alla le jeter en prison, jusqu'à ce qu'il eût payé ce qu'il devait. Ses compagnons, ayant vu ce qui était arrivé, furent profondément attristés, et ils allèrent raconter à leur maître tout ce qui s'était passé. Alors le maître fit appeler ce serviteur, et lui dit : méchant serviteur, je t'avais remis en entier ta dette, parce que tu m'en avais supplié ; ne devrais-tu pas aussi avoir pitié de ton compagnon, comme j'ai eu pitié de toi ? Et son maître, irrité, le livra aux bourreaux, jusqu'à ce qu'il eût payé tout ce qu'il devait. C'est ainsi que mon Père céleste vous traitera, si chacun de vous ne pardonne à son frère de tout son cœur.

29- LE JEÛNE

Lorsque vous jeûnez, ne prenez pas un air triste, comme les hypocrites, qui se rendent le visage tout défait, pour montrer aux hommes qu'ils jeûnent. Je vous le dis en vérité, ils reçoivent leur récompense. ***Mais quand tu jeûnes, parfume ta tête et lave ton visage, afin de ne pas montrer aux hommes que tu jeûnes, mais à ton Père qui est là dans le lieu secret ; et ton Père, qui voit dans le secret, te le rendra.***

30- PARABOLE DE L'AMI

Il leur dit encore : si l'un de vous a un ami, et qu'il aille le trouver au milieu de la nuit pour lui dire : ami, prête-moi trois pains, car un de mes amis est arrivé de voyage chez moi, et je n'ai rien à lui offrir, et si, de l'intérieur de sa maison, cet ami lui répond : ne m'importune pas, la porte est déjà fermée, mes enfants et moi sommes au lit, je ne puis me lever pour te donner des pains. ***Je vous le dis, même s'il ne se levait pas pour les lui donner parce que c'est son ami, il se lèverait à cause de son importunité et lui donnerait tout ce dont il a besoin.***

31- DEMANDEZ ET VOUS AUREZ

Et moi, je vous dis : ***demandez, et l'on vous donnera ; cherchez, et vous trouverez ; frappez, et l'on vous ouvrira. Car quiconque demande reçoit, celui qui cherche trouve, et l'on ouvre à celui qui frappe.*** Lequel de vous donnera une pierre à son fils, s'il lui demande du pain ? Ou, s'il demande un poisson, lui donnera-t-il un serpent ? Si donc, méchants comme vous l'êtes, vous savez donner de bonnes choses à vos enfants, à combien plus forte raison votre Père qui est dans les cieux donnera-t-il de bonnes choses ou le Saint Esprit à ceux qui les lui demandent. ***Tout ce que vous voulez que les hommes fassent pour vous, faites-le de même pour eux***, car c'est la loi et les prophètes.

32- LE SEL ET LA LUMIERE

Le sel est une bonne chose. Vous êtes le sel de la terre. Mais si le sel perd sa saveur, avec quoi la lui rendra-t-on ? Il ne sert plus qu'à être jeté dehors, et foulé aux pieds par les hommes ; car il n'est bon ni pour la terre, ni pour le fumier. ***Ayez du sel en vous- mêmes, et soyez en paix les uns avec les autres.*** Que celui qui a des oreilles pour entendre, qu'il entende. Vous êtes la lumière du monde. Une ville située sur une montagne ne peut être cachée ; personne, après avoir allumé une lampe, ne la couvre d'un vase, ou ne la met sous un lit ; mais il la met sur un chandelier, afin que ceux qui entrent voient la lumière. ***Car il n'est rien de caché qui ne doive être découvert, rien de secret qui ne doive être connu et mis au jour. Prenez donc garde à la manière dont vous écoutez ; car on donnera à celui qui a, mais à celui qui n'a pas on ôtera même ce qu'il croit avoir. Que votre lumière luise ainsi devant les hommes, afin qu'ils voient vos bonnes œuvres, et qu'ils glorifient votre Père qui est dans les cieux.*** Si quelqu'un a des oreilles pour entendre, qu'il entende.

33- JÉSUS EST LUMIÈRE

Jésus leur parla de nouveau, et dit : je suis la lumière du monde ; celui qui me suit ne marchera pas dans les ténèbres, mais il aura la lumière de la vie. Là-dessus, les pharisiens lui dirent : tu rends témoignage de toi-même ; ton témoignage n'est pas vrai. Jésus leur répondit : quoique je rende témoignage de moi-même, mon témoignage est vrai, car je sais d'où je suis venu et où je vais ; mais vous, vous ne savez d'où je viens, ni où je vais. Vous jugez selon la chair ; moi, je ne juge personne. Et si je juge, mon jugement est vrai, car je ne suis pas seul ; mais le Père qui m'a envoyé est avec moi. Il est écrit dans votre loi que *le témoignage de deux hommes est vrai* **(Deutéronome 19 :15)** ; je rends témoignage de moi-même, et le Père qui m'a envoyé rend témoignage de moi. Ils lui dirent donc : où est ton Père ? Jésus répondit : vous ne connaissez ni moi, ni mon Père. Si vous me connaissiez, vous connaîtriez aussi mon Père. Jésus dit ces paroles, enseignant dans le temple, au lieu où était le trésor ; et personne ne le saisit, parce que son heure n'était pas encore venue.

34- JESUS PARLE DE SON DEPART

Jésus leur dit encore : je m'en vais, et vous me chercherez, et vous mourrez dans votre péché ; vous ne pouvez venir où je vais. Sur quoi les Juifs dirent : se tuera-t-il lui-même, puisqu'il dit : vous ne pouvez venir où je vais ? Et il leur dit : vous êtes d'en bas ; moi, je suis d'en haut. Vous êtes de ce monde ; moi, je ne suis pas de ce monde. C'est pourquoi je vous ai dit que vous mourrez dans vos péchés ; car si vous ne croyez pas ce que je suis, vous mourrez dans vos péchés. Qui es-tu ? Lui dirent-ils. Jésus leur répondit : ce que je vous dis dès le commencement. J'ai beaucoup de choses à dire de vous et à juger en vous ; mais celui qui m'a envoyé est vrai, et ce que j'ai entendu de lui, je le dis au monde. Ils ne comprirent point qu'il leur parlait du Père. Jésus donc leur dit : quand vous aurez élevé le Fils de l'homme, alors vous connaîtrez ce que je suis, et que je ne fais rien de moi-même, mais que je parle selon ce que le Père m'a enseigné. Celui qui m'a envoyé est avec moi ; il ne m'a pas laissé seul, parce que je fais toujours ce qui lui est agréable. Comme Jésus parlait ainsi, plusieurs crurent en lui.

35- SEUL JESUS LIBÈRE

Et il dit aux Juifs qui avaient cru en lui : ***si vous demeurez dans ma parole, vous êtes vraiment mes disciples ; vous connaîtrez la vérité, et la vérité vous affranchira.*** Ils lui répondirent : nous sommes la postérité d'Abraham, et nous ne fûmes jamais esclaves de personne ; comment dis-tu : vous deviendrez libres ? En vérité, en vérité, je vous le dis, leur répliqua Jésus, quiconque se livre au péché est esclave du péché. Or, l'esclave ne demeure pas toujours dans la maison ; le fils y demeure toujours. ***Si donc le Fils vous affranchit, vous serez réellement libres.*** Je sais que vous êtes la postérité d'Abraham ; mais vous cherchez à me faire mourir, parce que ma parole ne pénètre pas en vous. Je dis ce que j'ai vu chez mon Père ; et vous, vous faites ce que vous avez entendu de la part de votre père. Ils lui répondirent : notre père, c'est Abraham. Jésus leur dit : si vous étiez enfants d'Abraham, vous feriez les œuvres d'Abraham. Mais maintenant vous cherchez à me faire mourir, moi qui vous ai dit la vérité que j'ai entendue de Dieu. Cela, Abraham ne l'a point fait. Vous faites les œuvres de votre père. Ils lui dirent : nous ne sommes pas des enfants illégitimes ; nous avons un seul Père, Dieu. Jésus leur dit : ***si Dieu était votre Père, vous m'aimeriez, car c'est de Dieu que je suis sorti et que je***

viens ; je ne suis pas venu de moi-même, mais c'est lui qui m'a envoyé. Pourquoi ne comprenez-vous pas mon langage ? Parce que vous ne pouvez écouter ma parole. Vous avez pour père le diable, et vous voulez accomplir les désirs de votre père. Il a été meurtrier dès le commencement, et il ne se tient pas dans la vérité, parce qu'il n'y a pas de vérité en lui. Lorsqu'il profère le mensonge, il parle de son propre fonds ; car il est menteur et le père du mensonge. Et moi, parce que je dis la vérité, vous ne me croyez pas. Qui de vous me convaincra de péché ? Si je dis la vérité, pourquoi ne me croyez-vous pas ? ***Celui qui est de Dieu, écoute les paroles de Dieu ; vous n'écoutez pas, parce que vous n'êtes pas de Dieu.***

36- JÉSUS : BEELZÉBUL

Voici, on amena à Jésus un démoniaque muet. Le démon ayant été chassé, le muet parla. Et la foule étonnée disait : n'est-ce pas là le Fils de David ? Jamais pareille chose ne s'est vue en Israël et tous fut dans l'admiration. Les Juifs et les scribes lui répondirent : n'avons-nous pas raison de dire que tu es un Samaritain, et que tu as un démon ? Car, c'est par le prince des démons qu'il chasse les démons. Et d'autres, pour l'éprouver, lui demandèrent un signe venant du ciel. Jésus les appela, et leur dit sous forme de paraboles : ***comment Satan peut-il chasser Satan ? Je n'ai point de démon ; mais j'honore mon Père, et vous m'outragez. Si un royaume est divisé contre lui-même, ce royaume ne peut subsister ; et si une maison est divisée contre elle-même, cette maison ne peut subsister.*** Si donc Satan se révolte contre lui-même, il est divisé, et il ne peut subsister, mais c'en est fait de lui. Personne ne peut entrer dans la maison d'un homme fort et piller ses biens, sans avoir auparavant lié cet homme fort ; alors il pillera sa maison. Et si moi, je chasse les démons par Béelzébul, vos fils, par qui les chassent-ils ? C'est pourquoi ils seront eux-mêmes vos juges. ***Mais, si c'est par l'Esprit de Dieu que je chasse les démons, le royaume de Dieu est donc venu vers vous.*** Celui qui n'est pas avec moi est contre moi, et celui qui n'assemble pas avec moi disperse. Je ne cherche point ma gloire ; il en est un qui la cherche et qui juge. ***Je vous le dis en vérité, tous les péchés seront pardonnés aux fils des hommes, et les blasphèmes qu'ils auront proférés mais, quiconque blasphémera contre le Saint Esprit n'obtiendra jamais de pardon : il est coupable d'un péché éternel. Il ne lui sera pardonné ni dans ce siècle ni dans le siècle à venir. En vérité, en vérité, je vous le dis, si quelqu'un garde ma parole, il ne verra jamais la mort.*** Maintenant, lui dirent les Juifs, nous connaissons que tu as un démon. Abraham est mort, les prophètes aussi, et tu dis : si quelqu'un garde ma parole, il ne verra jamais la mort. Es-tu plus grand que notre père Abraham, qui est mort ? Les prophètes aussi sont morts. Qui prétends-tu être ? Jésus répondit : si je me glorifie moi-même, ma gloire n'est rien. C'est mon père qui me glorifie, lui que vous dites être votre Dieu, et que vous ne connaissez pas. Pour moi, je le connais ; et, si je disais que je ne le connais pas, je serais semblable à vous, un menteur. Mais je le connais, et je garde sa parole. Abraham, votre père, a tressailli de joie de ce qu'il verrait mon jour : il l'a vu, et il s'est réjoui. Les Juifs lui dirent : tu n'as pas encore cinquante ans, et tu as vu Abraham ! ***Jésus leur dit : en vérité, en vérité, je vous le dis, avant qu'Abraham fût, je suis.*** Là-dessus, ***ils prirent des pierres pour les jeter contre lui ; mais Jésus se cacha, et il sortit du temple.***

37- D'OÙ VIENT L'AUTORITÉ DE JÉSUS ?

Ils se rendirent de nouveau à Jérusalem, et, pendant que Jésus se promenait dans le temple, les principaux sacrificateurs, les scribes et les anciens, vinrent à lui, et lui dirent : par quelle autorité fais-tu ces choses, et qui t'a donné l'autorité de les faire ? Jésus leur répondit : je vous adresserai aussi une question ; répondez-moi, et je vous dirai par quelle autorité je fais ces choses. Le baptême de Jean venait-il du ciel, ou des hommes ? Répondez-moi. Mais ils raisonnèrent ainsi entre eux : si nous répondons : du ciel, il dira : pourquoi donc n'avons-nous pas cru en lui ? Et si nous répondons : des hommes... Ils craignaient le peuple, car tous tenaient réellement Jean pour un prophète. Alors ils répondirent qu'ils ne savaient d'où il venait. Et Jésus leur dit à son tour : moi non plus, je ne vous dirai pas par quelle autorité je fais ces choses.

38- MISSIONS DES SOIXANTE-DOUZE DISCIPLES

Jésus parcourait toutes les villes et les villages, enseignant dans les synagogues, prêchant la bonne nouvelle du royaume, et guérissant toute maladie et toute infirmité. ***Voyant la foule, il fut ému de compassion pour elle, parce qu'elle était languissante et abattue, comme des brebis qui n'ont point de berger.*** Après cela, le Seigneur désigna encore soixante-douze autres disciples, et il les envoya deux à deux devant lui dans toutes les villes et dans tous les lieux où lui-même devait aller. Il leur dit : la moisson est grande, mais il y a peu d'ouvriers. Priez donc le maître de la moisson d'envoyer des ouvriers dans sa moisson. Partez ; voici, je vous envoie comme des agneaux au milieu des loups. Ne portez ni bourse, ni sac, ni souliers, et ne saluez personne en chemin. ***Dans quelque maison que vous entriez, dites d'abord : que la paix soit sur cette maison ! Et s'il se trouve là un enfant de paix, votre paix reposera sur lui ; sinon, elle reviendra à vous.*** Demeurez dans cette maison-là, mangeant et buvant ce qu'on vous donnera ; car l'ouvrier mérite son salaire. N'allez pas de maison en maison. Dans quelque ville que vous entriez, et où l'on vous recevra, mangez ce qui vous sera présenté, guérissez les malades qui s'y trouveront, et dites-leur : le royaume de Dieu s'est approché de vous. Mais dans quelque ville que vous entriez, et où l'on ne vous recevra pas, allez dans ses rues, et dites : nous secouons contre vous la poussière même de votre ville qui s'est attachée à nos pieds ; sachez cependant que le royaume de Dieu s'est approché. ***Celui qui vous écoute m'écoute, et celui qui vous rejette me rejette ; et celui qui me rejette, rejette celui qui m'a envoyé.*** Les soixante-douze revinrent avec joie, disant : Seigneur, les démons mêmes nous sont soumis en ton nom. Jésus leur dit : je voyais Satan tomber du ciel comme un éclair. ***Voici, je vous ai donné le pouvoir de marcher sur les serpents et les scorpions, et sur toute la puissance de l'ennemi ; et rien ne pourra vous nuire.*** Cependant, ne vous réjouissez pas de ce que les esprits vous sont soumis ; mais réjouissez-vous de ce que vos noms sont écrits dans les cieux. En ce moment même, Jésus tressaillit de joie par le Saint Esprit, et il dit : ***je te loue, Père, Seigneur du ciel et de la terre, de ce que tu as caché ces choses aux sages et aux intelligents, et de ce que tu les as révélées aux enfants.*** Oui, Père, je te loue de ce que tu l'as voulu ainsi. Toutes choses m'ont été données par mon Père, et ***personne ne connaît qui est le Fils, si ce n'est le Père, ni qui est le Père, si ce n'est le Fils et celui à qui le Fils veut le révéler.*** Et, se tournant vers les disciples, il leur dit en particulier : heureux les yeux qui voient ce que vous voyez ! Car je vous dis que beaucoup de prophètes et de rois ont désiré voir ce que vous voyez, et ne l'ont pas vu, entendre ce que vous entendez, et ne l'ont pas entendu.

39- CELUI QUI EST AVEC JESUS

Jean prit la parole, et dit : maître, nous avons vu un homme qui chasse des démons en ton nom ; et nous l'en avons empêché, parce qu'il ne nous suit pas. Ne l'en empêchez pas, répondit Jésus, car il n'est personne qui, faisant un miracle en mon nom, puisse aussitôt après parler mal de moi. Car qui n'est pas contre vous est pour vous. Et ***quiconque vous donnera à boire un verre d'eau en mon nom, parce que vous appartenez à Christ, je vous le dis en vérité, il ne perdra point sa récompense.***

40- LA LAMPE

Personne n'allume une lampe pour la mettre dans un lieu caché ou sous le boisseau, mais on la met sur le chandelier, afin que ceux qui entrent voient la lumière. Ton œil est la lampe de ton corps. Lorsque ton œil est en bon état, tout ton corps est éclairé ; mais lorsque ton œil est en mauvais état, ton corps est dans les ténèbres. Prends donc garde que la lumière qui est en toi ne soit ténèbres. Si donc tout ton corps est éclairé, n'ayant aucune partie dans les ténèbres, il sera entièrement éclairé, comme lorsque la lampe t'éclaire de sa lumière.

41- LE PLUS GRAND AU CIEL

Alors on lui amena des petits enfants, afin qu'il leur imposât les mains et priât pour eux. Mais les disciples, voyant cela, les repoussèrent. Jésus, fut indigné, les appela, et dit : laissez venir à moi les petits enfants, et ne les en empêchez pas ; car le royaume de Dieu est pour ceux qui leur ressemblent. ***Je vous le dis en vérité, quiconque ne recevra pas le royaume de Dieu comme un petit enfant n'y entrera point.*** En ce moment, les disciples s'approchèrent de Jésus, et dirent : qui donc est le plus grand dans le royaume des cieux ? Je vous le dis en vérité, si vous ne vous convertissez et si vous ne devenez comme les petits enfants, vous n'entrerez pas dans le royaume des cieux. C'est pourquoi, ***quiconque se rendra humble comme ce petit enfant sera le plus grand dans le royaume des cieux. Et quiconque reçoit en mon nom ce petit enfant me reçoit moi-même ; et quiconque me reçoit, reçoit celui qui m'a envoyé. Gardez-vous de mépriser un seul de ces petits ; car je vous dis que leurs anges dans les cieux voient continuellement la face de mon Père qui est dans les cieux.*** Jésus dit : il est impossible qu'il n'arrive pas des scandales ou des chutes ; mais malheur à celui par qui ils arrivent ! ***Il vaudrait mieux pour lui qu'on mît à son cou une pierre de moulin et qu'on le jetât dans la mer, que s'il scandalisait un de ces petits.*** Puis il prit les enfants dans ses bras, et les bénit, en leur imposant les mains ; et il partit de là.

42- LE PLUS GRAND COMMANDEMENT

La foule, qui écoutait, fut frappée de l'enseignement de Jésus. Les pharisiens, ayant appris qu'il avait réduit au silence les sadducéens, se rassemblèrent, un des scribes *(docteur de la loi),* qui les avait entendus discuter, sachant que Jésus avait bien répondu aux sadducéens, s'approcha, et lui demanda : quel est le premier de tous les commandements ? Jésus répondit : voici le premier *: écoute, Israël, le Seigneur, notre Dieu, est l'unique Seigneur et, tu aimeras le Seigneur, ton Dieu, de tout ton cœur, de toute ton âme, de toute ta pensée, et de toute ta force* **(Deutéronome 6 :5)**. Voici le second : *tu aimeras ton prochain comme toi-même* **(Lévitique 19 :18).** Il n'y a pas d'autre commandement plus grand que ceux-là. Le scribe lui dit : bien, maître ; tu as dit avec vérité que Dieu est unique, et qu'il n'y en a point d'autre que lui, et que l'aimer de tout son cœur, de toute sa pensée, de toute son âme et de toute sa force, et aimer son prochain comme soi- même, c'est plus que tous les holocaustes et tous les sacrifices.

43- MON PROCHAIN

Mais lui, voulant se justifier, dit à Jésus : et qui est mon prochain ? Jésus reprit la parole, et dit : un homme descendait de Jérusalem à Jéricho. Il tomba au milieu des brigands, qui le dépouillèrent, le chargèrent de coups, et s'en allèrent, le laissant à demi mort. Un sacrificateur, qui par hasard descendait par le même chemin, ayant vu cet homme, passa outre. Un Lévite, qui arriva aussi dans ce lieu, l'ayant vu, passa outre. Mais un Samaritain, qui voyageait, étant venu là, fut ému de compassion lorsqu'il le vit. Il s'approcha, et banda ses plaies, en y versant de l'huile et du vin ; puis il le mit sur sa propre monture, le conduisit à une hôtellerie, et prit soin de lui. Le lendemain, il tira deux deniers, les donna à l'hôte, et dit : aie soin de lui, et ce que tu dépenseras de plus, je te le rendrai à mon retour. Lequel de ces trois te semble avoir été le prochain de celui qui était tombé au milieu des brigands ? C'est celui qui a exercé la miséricorde envers lui, répondit le docteur de la loi. Et Jésus lui dit : va, et toi, fais de même. Et personne n'osa plus lui proposer des questions.

44- JESUS ET LA LOI

Ne croyez pas que je sois venu pour abolir la loi ou les prophètes ; je suis venu non pour abolir, mais pour accomplir. Car, je vous le dis en vérité, tant que le ciel et la terre ne passeront point, il ne disparaîtra pas de la loi un seul iota ou un seul trait de lettre, jusqu'à ce que tout soit arrivé. Celui donc qui supprimera l'un de ces plus petits commandements, et qui enseignera aux hommes à faire de même, sera appelé le plus petit dans le royaume des cieux ; mais celui qui les observera, et qui enseignera à les observer, celui-là sera appelé grand dans le royaume des cieux. Car, je vous le dis, si votre justice ne surpasse celle des scribes et des pharisiens, vous n'entrerez point dans le royaume des cieux.

45- LA RECONCILIATION

Vous avez entendu qu'il a été dit aux anciens **(Deutéronome 5 :17)** : *tu ne tueras point, celui qui tuera mérite d'être puni par les juges.* Mais moi, je vous dis que quiconque se met en colère contre son frère mérite d'être puni par les juges ; que celui qui dira à son frère : raca ! Mérite d'être puni par le sanhédrin ; et que celui qui lui dira : insensé ! Mérite d'être puni par le feu de la géhenne. Si donc tu présentes ton offrande à l'autel, et que là tu te souviennes que ton frère a quelque chose contre toi, laisse là ton offrande devant l'autel, et va d'abord te réconcilier avec ton frère ; puis, viens présenter ton offrande.

46- LES ADVERSAIRES

Lorsque tu vas avec ton adversaire devant le magistrat, tâche-toi en chemin de t'accorder avec lui, de peur qu'il ne te traîne devant le juge, que le juge ne te livre à l'officier de justice, et que celui-ci ne te mette en prison. Je te le dis en vérité, tu ne sortiras pas de là que tu n'aies payé le dernier quadrant.

47- LA FEMME ADULTERE

Jésus se rendit à la montagne des oliviers. Mais, dès le matin, il alla de nouveau dans le temple, et tout le peuple vint à lui. S'étant assis, il les enseignait. Alors les scribes et les pharisiens amenèrent une femme surprise en adultère ; et, la plaçant au milieu du peuple, ils dirent à Jésus : maître, cette femme a été surprise en flagrant délit d'adultère. *Moïse, dans la loi, nous a ordonné de lapider de telles femmes* **(Lévitique 20 :10)** : toi donc, que dis-tu ? Ils disaient cela pour l'éprouver, afin de pouvoir l'accuser. Mais Jésus, s'étant baissé, écrivait avec le doigt sur la terre. Comme ils continuaient à l'interroger, il se releva et leur dit : ***que celui de vous qui est sans péché jette le premier la pierre contre elle.*** Et s'étant de nouveau baissé, il écrivait sur la terre. Quand ils entendirent cela, accusés par leur conscience, ***ils se retirèrent un à un, depuis les plus âgés jusqu'aux derniers*** ; et Jésus resta seul avec la femme qui était là au milieu. Alors s'étant relevé, et ne voyant plus que la femme, Jésus lui dit : femme, où sont ceux qui t'accusaient ? ***Personne ne t'a-t-il condamnée ? Elle répondit : non, Seigneur.***
Et Jésus lui dit : je ne te condamne pas non plus : va, et ne pèche plus.

48- LE DIVORCE

Jésus, étant parti de là, se rendit dans le territoire de la Judée au-delà du Jourdain. La foule s'assembla de nouveau près de lui, et selon sa coutume, il se mit encore à l'enseigner. Les pharisiens l'abordèrent ; et, pour l'éprouver, ils lui demandèrent s'il est permis à un homme de répudiée sa femme. Il leur répondit : que vous a prescrit Moïse ? *Moïse, dirent-ils, a permis d'écrire une lettre de divorce et de répudier* **(Deutéronome 24 :1).** Et Jésus leur dit : c'est à cause de la dureté de votre cœur que Moïse vous a donné ce précepte. Mais au commencement de la création, Dieu fit l'homme et la femme ; *c'est pourquoi l'homme quittera son père et sa mère, et s'attachera à sa femme, et les deux deviendront une seule chair* **(Genèse 2 :24).** Ainsi ils ne sont plus deux, mais ils sont une seule chair. ***Que l'homme donc ne sépare pas ce que***

Dieu a joint. Lorsqu'ils furent dans la maison, les disciples l'interrogèrent encore là-dessus. Il leur dit : ***celui qui répudie sa femme et qui en épouse une autre, commet un adultère à son égard ; et si une femme quitte son mari et en épouse un autre, elle commet un adultère. Quiconque regarde une femme pour la convoiter a déjà commis un adultère avec elle dans son cœur.*** Ses disciples lui dirent : si telle est la condition de l'homme à l'égard de la femme, il n'est pas avantageux de se marier. Il leur répondit : tous ne comprennent pas cette parole, mais seulement ceux à qui cela est donné. Car il y a des eunuques qui le sont dès le ventre de leur mère ; il y en a qui le sont devenus par les hommes ; et il y en a qui se sont rendus tels eux-mêmes, à cause du royaume des cieux. Que celui qui peut comprendre comprenne.

49- LE SERMENT

Vous avez encore appris qu'il a été dit aux anciens **(Deutéronome 23 :21-23)** : *tu ne te parjureras point, mais tu t'acquitteras envers le Seigneur de ce que tu as déclaré par serment.* ***Mais moi, je vous dis de ne jurer aucunement, ni par le ciel, parce que c'est le trône de Dieu ; ni par la terre, parce que c'est son marchepied ; ni par Jérusalem, parce que c'est la ville du grand roi. Ne jure pas non plus par ta tête, car tu ne peux rendre blanc ou noir un seul cheveu. Que votre parole soit oui, oui, non, non ; ce qu'on y ajoute vient du malin.***

50- DIEU ET L'ARGENT

Nul ne peut servir deux maîtres. Car, ou il haïra l'un, et aimera l'autre ou il s'attachera à l'un, et méprisera l'autre. Vous ne pouvez servir Dieu et Mamon *(culte consistant à adorer l'argent)*. Les pharisiens, qui étaient avares, écoutaient aussi tout cela, et ils se moquaient de lui. Jésus leur dit : vous, vous cherchez à paraître justes devant les hommes, mais Dieu connaît vos cœurs ; car ce qui est élevé parmi les hommes est une abomination devant Dieu. La loi et les prophètes ont subsisté jusqu'à Jean ; depuis lors, le royaume de Dieu est annoncé, et chacun use de violence pour y entrer. Il est plus facile que le ciel et la terre passent, qu'il ne l'est qu'un seul trait de lettre de la loi vienne à tomber.

51- LA SAMARITAINE

Le Seigneur sut que les pharisiens avaient appris qu'il faisait et baptisait plus de disciples que Jean. Toutefois Jésus ne baptisait pas lui-même, mais c'étaient ses disciples. Alors il quitta la Judée, et retourna en Galilée. Comme il fallait qu'il passât par la Samarie, il arriva dans une ville de Samarie, nommée Sychar, près du champ que Jacob avait donné à Joseph, son fils. Là se trouvait le puits de Jacob. Jésus, fatigué du voyage, était assis au bord du puits. C'était environ la sixième heure c'est à dire vers midi. Une femme de Samarie vint puiser de l'eau. Jésus lui dit : donne-moi à boire. Car ses disciples étaient allés à la ville pour acheter des vivres. La femme samaritaine lui dit : comment toi, qui es Juif, me demandes-tu à boire, à moi qui suis une femme samaritaine ? Les Juifs, en effet, n'ont pas de relations avec les Samaritains. Jésus lui répondit : si tu connaissais le don de Dieu et qui est celui qui te dit : donne-moi à boire ! Tu lui aurais toi-même demandé à boire, et il t'aurait donné de l'eau vive. Seigneur, lui dit la femme, tu n'as rien pour puiser, et le puits est profond ; d'où aurais-tu donc cette eau vive ? Es-tu plus grand que notre père Jacob, qui nous a donné ce puits, et qui en a bu lui-même, ainsi que ses fils et ses troupeaux ? Jésus lui répondit : quiconque boit de cette eau aura encore soif ; mais celui qui boira de l'eau que je lui donnerai n'aura jamais soif, et l'eau que je lui donnerai deviendra en lui une source d'eau qui jaillira jusque dans la vie éternelle. La femme lui dit : Seigneur, donne-moi cette eau, afin que je n'aie plus soif, et que je ne vienne plus puiser ici. Va, lui dit Jésus, appelle ton mari, et viens ici. La femme répondit : je n'ai point de mari. Jésus lui dit : tu as eu raison de dire : je n'ai point de mari. Car tu as eu cinq maris, et celui que tu as maintenant n'est pas ton mari. En cela tu as dit vrai. Seigneur, lui dit la femme, je vois que tu es prophète. Nos pères ont adoré sur cette montagne ; et vous dites, vous, que le lieu où il faut adorer est à

Jérusalem. ***Femme, lui dit Jésus, crois-moi, l'heure vient où ce ne sera ni sur cette montagne ni à Jérusalem que vous adorerez le Père. Vous adorez ce que vous ne connaissez pas ; nous, nous adorons ce que nous connaissons, car le salut vient des Juifs. Mais l'heure vient, et elle est déjà venue, où les vrais adorateurs adoreront le Père en esprit et en vérité ; car ce sont là les adorateurs que le Père demande. Dieu est Esprit, et il faut donc que ceux qui l'adorent, l'adorent en esprit et en vérité.*** La femme lui dit : je sais que le Messie doit venir *(celui qu'on appelle Christ)* ; quand il sera venu, il nous annoncera toutes choses. Jésus lui dit : je le suis, moi qui te parle. Là-dessus arrivèrent ses disciples, qui furent étonnés de ce qu'il parlait avec une femme. Toutefois aucun ne dit : que demandes-tu ? Où : de quoi parles-tu avec elle ? Alors la femme, ayant laissé sa cruche, s'en alla dans la ville, et dit aux gens : venez voir un homme qui m'a dit tout ce que j'ai fait ; ne serait-ce point le Christ ? Ils sortirent de la ville, et ils vinrent vers lui. Pendant ce temps, les disciples le pressaient de manger, disant : rabbi, mange. Mais il leur dit : j'ai à manger une nourriture que vous ne connaissez pas. Les disciples se disaient donc les uns aux autres : quelqu'un lui aurait-il apporté à manger ? Jésus leur dit : ma nourriture est de faire la volonté de celui qui m'a envoyé, et d'accomplir son œuvre. Ne dites-vous pas qu'il y a encore quatre mois jusqu'à la moisson ? Voici, je vous le dis, levez les yeux, et regardez les champs qui déjà blanchissent pour la moisson. Celui qui moissonne reçoit un salaire, et amasse des fruits pour la vie éternelle, afin que celui qui sème et celui qui moissonne se réjouissent ensemble. Car en ceci, ce qu'on dit est vrai : autre est celui qui sème, et autre celui qui moissonne. Je vous ai envoyés moissonner ce que vous n'avez pas travaillé ; d'autres ont travaillé, et vous êtes entrés dans leur travail. Plusieurs Samaritains de cette ville crurent en Jésus à cause de cette déclaration formelle de la femme : il m'a dit tout ce que j'ai fait. Aussi, quand les Samaritains vinrent le trouver, ils le prièrent de rester auprès d'eux. Et il resta là deux jours. Un plus grand nombre crurent à cause de sa parole ; et ils disaient à la femme : ce n'est plus à cause de ce que tu as dit que nous croyons ; car nous l'avons entendu nous-mêmes, et nous savons qu'il est vraiment le Sauveur du monde.

52- LE CENTENIER

Après avoir achevé tous ces discours devant le peuple qui l'écoutait, Jésus descendu de la montagne et une grande foule le suivit. Il retourna donc à Cana en Galilée, où il avait changé l'eau en vin. Il y avait à Capernaüm un officier du roi : un centenier dont le serviteur est couché à la maison, atteint de paralysie ; souffrant beaucoup et qui était près de mourir. Ayant entendu parler de Jésus, il lui envoya quelques anciens des Juifs, pour le prier de venir guérir son serviteur. Ils arrivèrent auprès de Jésus, et lui adressèrent d'instantes supplications, disant : il mérite que tu lui accordes cela ; car il aime notre nation, et c'est lui qui a bâti notre synagogue. Jésus leur dit : si vous ne voyez des miracles et des prodiges, vous ne croyez point. Jésus, partir avec eux, pendant qu'ils étaient encore en chemin, le centenier envoya d'autres amis pour lui dire : ***Seigneur, ne prends pas tant de peine ; car je ne suis pas digne que tu entres sous mon toit ; c'est aussi pour cela que je ne me suis pas cru digne d'aller en personne vers toi. Mais dis un mot, et mon serviteur sera guéri.*** Car, moi qui suis soumis à des supérieurs, j'ai des soldats sous mes ordres ; et je dis à l'un : va ! Et il va ; à l'autre : viens ! Et il vient et à mon serviteur : fais cela et il le fait. Après avoir entendu ces paroles, Jésus fut dans l'étonnement, et il dit à ceux qui le suivaient : ***je vous le dis en vérité, même en Israël je n'ai pas trouvé une aussi grande foi. Je vous déclare que plusieurs viendront de l'orient et de l'occident, et seront à table avec Abraham, Isaac et Jacob, dans le royaume des cieux. Mais les fils du royaume seront jetés dans les ténèbres du dehors, où il y aura des pleurs et des grincements de dents.*** Puis Jésus dit à l'envoyer : va, le serviteur vit, et ils s'en allèrent. Et à l'heure même le serviteur fut guéri. De retour à la maison, les gens envoyés par le centenier trouvèrent guéri le serviteur qui avait été malade. Et demandèrent à quelle heure il s'était trouvé mieux ; et il leur dit : hier, à la septième heure. C'était à cette heure-là que Jésus leurs avait dit : aller le serviteur vit. Et le centenier crut, lui et toute sa maison.

53- LA VEUVE DE NAÏN

Le jour suivant, Jésus alla dans une ville appelée Naïn ; ses disciples et une grande foule faisaient route avec lui. Lorsqu'il fut près de la porte de la ville, voici, on portait en terre un mort, fils unique de sa mère, qui était veuve ; et il y avait avec elle beaucoup de gens de la ville. Le Seigneur, l'ayant vue, fut ému de compassion pour elle, et lui dit : ne pleure pas ! Il s'approcha, et toucha le cercueil. Ceux qui le portaient s'arrêtèrent. Il dit : jeune homme, je te le dis, lève-toi ! Et le mort s'assit, et se mit à parler. Jésus le rendit à sa mère. Tous furent saisis de crainte, et ils glorifiaient Dieu, disant : un grand prophète a paru parmi nous, et Dieu a visité son peuple. Cette parole sur Jésus se répandit dans toute la Judée et dans tout le pays d'alentour.

54- JESUS BAPTISE

Après cela, Jésus, accompagné de ses disciples, se rendit dans la terre de Judée ; et là il demeurait avec eux, et il baptisait. Jean aussi baptisait à Énon, près de Salim, parce qu'il y avait là beaucoup d'eau ; et on y venait pour être baptisé. Car Jean n'avait pas encore été mis en prison. Or, il s'éleva de la part des disciples de Jean une dispute avec un Juif touchant la purification. Ils vinrent trouver Jean, et lui dirent : rabbi, celui qui était avec toi au-delà du Jourdain, et à qui tu as rendu témoignage, voici, il baptise, et tous vont à lui. Jean répondit ***: un homme ne peut recevoir que ce qui lui a été donné du ciel.*** Vous-mêmes m'êtes témoins quand je disais : je ne suis pas le Christ, mais j'ai été envoyé devant lui. Celui à qui appartient l'épouse, c'est l'époux ; mais l'ami de l'époux, qui se tient là et qui l'entend, éprouve une grande joie à cause de la voix de l'époux : aussi cette joie, qui est la mienne, est parfaite. Il faut qu'il croisse, et que je diminue. Celui qui vient d'en haut est au-dessus de tous ; celui qui est de la terre est de la terre, et il parle comme étant de la terre. Celui qui vient du ciel est au-dessus de tous, il rend témoignage de ce qu'il a vu et entendu, et personne ne reçoit son témoignage. Celui qui a reçu son témoignage a certifié que Dieu est vrai ; car celui que Dieu a envoyé dit les paroles de Dieu, parce que Dieu ne lui donne pas l'Esprit avec mesure. Le Père aime le Fils, et il a remis toutes choses entre ses mains. ***Celui qui croit au Fils a la vie éternelle, celui qui ne croit pas au Fils ne verra point la vie, mais la colère de Dieu demeure sur lui.***

55- LA DEMANDE DE JEAN

Après ces choses, Jean fut arrêté. Jésus, ayant appris que Jean avait été livré, se retira dans la Galilée. Il quitta Nazareth, et vint demeurer à Capernaüm, située près de la mer, dans le territoire de Zabulon et de Nephthali, afin que s'accomplît ce qui avait été annoncé par Ésaïe, le prophète **(Esaïe 9 :1-2)** : *le peuple de Zabulon et de Nephthali, de la contrée voisine de la mer, du pays au-delà du Jourdain, et de la Galilée des Gentils, ce peuple, assis dans les ténèbres, a vu une grande lumière ; et sur ceux qui étaient assis dans la région de l'ombre de la mort la lumière s'est levée.* Jean fut informé par ses disciples de toutes ces choses que Jésus faisait. Il en appela deux, et les envoya vers Jésus, pour lui dire ***: es-tu celui qui doit venir, ou devons-nous en attendre un autre ?*** Arrivés auprès de Jésus, ils dirent : Jean Baptiste nous a envoyés vers toi, pour dire : es-tu celui qui doit venir, ou devons-nous en attendre un autre ? A l'heure même, Jésus guérit plusieurs personnes de maladies, d'infirmités, et d'esprits malins, et il rendit la vue à plusieurs aveugles. Et il leur répondit : allez rapporter à Jean ce que vous avez vu et entendu *: les aveugles voient, les boiteux marchent, les lépreux sont purifiés, les sourds entendent, les morts ressuscitent, la bonne nouvelle est annoncée aux pauvres* **(Esaïe 29 :18).** Heureux celui pour qui je ne serai pas une cause de chute !

56- QUI EST JEAN SELON JESUS

Lorsque les envoyés de Jean furent partis, Jésus se mit à dire à la foule, au sujet de Jean : qu'êtes-vous allés voir au désert ? Un roseau agité par le vent ? Mais, qu'êtes-vous allés voir ? Un homme vêtu d'habits précieux ? Voici, ceux qui portent des habits magnifiques, et qui vivent dans les délices, sont dans les maisons des rois. Qu'êtes-vous donc allés voir ? Un prophète ? Oui, vous dis-je, et plus qu'un prophète. Car c'est celui dont il est écrit **(Esaïe 40 :3-4)** : *voici, j'envoie mon messager devant ta face, pour préparer ton chemin devant toi.* ***Je vous le dis, parmi ceux qui sont nés de femmes, il n'y en a point de plus grand que Jean. Cependant, le plus petit dans le royaume de Dieu est plus grand que lui. Depuis le temps de Jean Baptiste jusqu'à présent, le royaume des cieux est forcé, et ce sont les violents qui s'en s'emparent. Que celui qui a des oreilles pour entendre entende.*** Et tout le peuple qui l'a entendu et même les publicains ont justifié Dieu, en se faisant baptiser du baptême de Jean mais les pharisiens et les docteurs de la loi, en ne se faisant pas baptiser par lui, ont rendu nul à leur égard le dessein de Dieu. ***Jésus dit : à qui donc comparerai-je les hommes de cette génération, et à qui ressemblent-ils ? Ils ressemblent aux enfants assis dans la place publique, et qui, se parlant les uns aux autres, disent : nous vous avons joué de la flûte, et vous n'avez pas dansé ; nous vous avons chanté des complaintes, et vous n'avez pas pleuré. Car Jean Baptiste est venu, ne mangeant pas de pain et ne buvant pas de vin, et vous dites : il a un démon. Le Fils de l'homme est venu, mangeant et buvant, et vous dites : c'est un mangeur et un buveur, un ami des publicains et des gens de mauvaise vie.*** Mais la sagesse a été justifiée par tous ses enfants. Alors il se mit à faire des reproches aux villes dans lesquelles avaient eu lieu la plupart de ses miracles, parce qu'elles ne s'étaient pas repenties. Malheur à toi, Chorazin ! Malheur à toi, Bethsaïda ! Car, si les miracles qui ont été faits au milieu de vous avaient été faits dans Tyr et dans Sidon, il y a longtemps qu'elles se seraient repenties, en prenant le sac et la cendre. C'est pourquoi je vous le dis : au jour du jugement, Tyr et Sidon seront traitées moins rigoureusement que vous. Et toi, Capernaüm, seras-tu élevée jusqu'au ciel ? Non. Tu seras abaissée jusqu'au séjour des morts ; car, si les miracles qui ont été faits au milieu de toi avaient été faits dans Sodome, elle subsisterait encore aujourd'hui. C'est pourquoi je vous le dis : au jour du jugement, le pays de Sodome sera traité moins rigoureusement que toi.

57- APPEL DE LEVI *(MATTHIEU)*

Jésus sortit de nouveau du côté de la mer. Toute la foule venait à lui, et il les enseignait. De là étant allé plus loin, il vit un publicain, nommé Lévi *(Matthieu)* fils d'Alphée, assis au bureau des péages. Il lui dit : suis-moi. Et, laissant tout, il se leva, et le suivit. Lévi lui donna un grand festin dans sa maison, et beaucoup de publicains et d'autres personnes étaient à table avec eux. Les pharisiens et les scribes murmurèrent, et dirent à ses disciples : ***pourquoi mangez-vous et buvez-vous avec les publicains et les gens de mauvaise vie ? Ce que Jésus ayant entendu, il leur dit : ce ne sont pas ceux qui se portent bien qui ont besoin de médecin, mais les malades. Je ne suis pas venu appeler des justes, mais des pécheurs.***

58- LE VIEUX ET LE NEUF

Alors les disciples de Jean vinrent auprès de Jésus, et dirent : pourquoi nous et les pharisiens jeûnons-nous et prions fréquemment, tandis que les tiens mangent et boivent ? Il leur répondit : pouvez-vous faire jeûner les amis de l'époux pendant que l'époux est avec eux ? Les jours viendront où l'époux leur sera enlevé, alors ils jeûneront en ces jours-là. Personne ne coud une pièce de drap neuf à un vieil habit ; autrement, la pièce de drap neuf emporterait une partie du vieux, et la déchirure serait pire. On ne met pas non plus du vin nouveau dans de vieilles outres ; autrement, les outres se rompent, le vin se répand, et les outres sont perdues ; mais on met le vin nouveau dans des outres neuves, et le vin et les outres se conservent***, et personne, après avoir bu du vin vieux, ne veut du nouveau, car il dit : le vieux est bon.***

59- LES DOUZE APOTRES DE JESUS

Jésus monta ensuite sur la montagne pour prier, et il passa toute la nuit à prier Dieu. Quand le jour parut, il appela ceux qu'il voulut, et ils vinrent auprès de lui. Il en choisit douze, auxquels il donna le nom d'apôtres : voici les douze qu'il établit : ***Simon, qu'il nomma Céphas qui signifie Pierre ; Jacques, fils de Zébédée, et Jean, frère de Jacques, auxquels il donna le nom de Boanergès, qui signifie fils du tonnerre ; André ; Philippe ; Barthélemy ; Matthieu ; Thomas encore appelé Didyme ce qui signifie jumeau ; Jacques, fils d'Alphée ; Thaddée ; Simon le Cananite ; et Judas Iscariot, celui qui livra Jésus.*** Il descendit avec eux, et avec lui et ses apôtres se rendirent à la maison, s'arrêta sur un plateau, où se trouvaient une foule de ses disciples et une multitude de peuple de toute la Judée, de Jérusalem, et de la contrée maritime de Tyr et de Sidon. Ils étaient venus pour l'entendre, et pour être guéris de leurs maladies. En sorte qu'ils ne pouvaient pas même prendre leur repas. Les parents de Jésus, ayant appris ce qui se passait, vinrent pour se saisir de lui ; car ils disaient : il est hors de sens. Ceux qui étaient tourmentés par des esprits impurs étaient guéris.

60- MISSIONS DES DOUZE

Puis, ayant appelé ses douze disciples, il leur donna le pouvoir de chasser les esprits impurs, et de guérir toute maladie et toute infirmité. Ne prenez rien pour le voyage, leur dit-il, ni or, ni bâton, ni sac, ni pain, ni argent, et n'ayez pas deux tuniques. Dans quelque maison que vous entriez, restez-y ; et c'est de là que vous partirez. En entrant dans la maison, saluez-la ; et, si la maison en est digne, que votre paix vienne sur elle ; mais si elle n'en est pas digne, que votre paix retourne à vous. Lorsqu'on ne vous recevra pas et qu'on n'écoutera pas vos paroles, sortez de cette maison ou de cette ville et secouez la poussière de vos pieds. ***Je vous le dis en vérité : au jour du jugement, le pays de Sodome et de Gomorrhe sera traité moins rigoureusement que cette ville-là. Voici, je vous envoie comme des brebis au milieu des loups. Soyez donc prudents comme les serpents, et simples comme les colombes.*** Après leur avoir donné les instructions suivantes : n'allez pas vers les païens, et ne rentrez pas dans les villes des Samaritains ; allez plutôt vers les brebis perdues de la maison d'Israël. ***Allez, prêchez, et dites : le royaume des cieux est proche. Guérissez les malades, ressuscitez les morts, purifiez les lépreux, chassez les démons. Vous avez reçu gratuitement, donnez gratuitement***. Ils partirent, et ils allèrent de village en village, annonçant la bonne nouvelle et opérant partout des guérisons. Ils chassaient beaucoup de démons, et ils oignaient d'huile beaucoup de malades

61- LA MORT DE JEAN

En ce temps-là, Hérode le tétrarque, ayant entendu parler de Jésus, dit à ses serviteurs : c'est Jean Baptiste. Il est ressuscité des morts, et c'est pour cela qu'il se fait par lui des miracles. D'autres disaient : c'est Élie. Et d'autres disaient : c'est un prophète comme l'un des prophètes d'autre fois. Mais Hérode disait : j'ai fait décapiter Jean ; qui donc est celui-ci, dont j'entends dire de telles choses ? Et il cherchait à le voir. En effet, Hérode le tétrarque lui-même avait fait arrêter Jean, et l'avait fait lier en prison, parce que Jean dénonçait toutes les mauvaises actions qu'il commettait, en particulier celle d'Hérodias, femme de Philippe, son frère, parce qu'il l'avait épousée, et que Jean lui disait : il ne t'est pas permis d'avoir la femme de ton frère. Hérodias était irritée contre Jean, et voulait le faire mourir. Mais elle ne le pouvait ; car Hérode craignait Jean, le connaissant pour un homme juste et saint ; il le protégeait, et, quand Hérode entendait Jean enseigner, il était souvent perplexe *(soucieux ; désorienté ; étonné ; gêné)*, et l'écoutait avec plaisir. Cependant, un jour propice arriva, lorsqu'Hérode, à l'anniversaire de sa naissance, donna un festin à ses grands, aux chefs militaires et aux principaux de la Galilée. La fille d'Hérodias entra dans la salle ; elle dansa, et plut à Hérode et à ses convives. Le roi dit à la jeune fille : demande-moi ce que tu voudras, et je te le donnerai. Il ajouta avec serment : ce que tu me demanderas, je te le donnerai, fût-ce la moitié de mon royaume. Étant sortie, elle dit à sa mère : que demanderais-je ? Et sa mère répondit : la tête de Jean Baptiste. Elle s'empressa de rentrer aussitôt vers le roi, et lui fit cette demande : je veux que tu me donnes à l'instant, sur un plat, la tête de Jean Baptiste. ***Le roi fut attristé ; mais, à cause de ses serments et des convives, il ne voulut pas lui faire un refus.*** Il envoya sur-le-champ un garde, avec ordre d'apporter la tête de Jean Baptiste. Le garde alla décapiter Jean dans la prison, et apporta la tête sur un plat. Il la donna à la jeune fille, et la jeune fille la donna à sa mère.

62- LE RETOUR DES DOUZE

Les apôtres, étant de retour, rassemblés auprès de Jésus, lui racontèrent tout ce qu'ils avaient fait et tout ce qu'ils avaient enseigné. En ce temps les disciples de Jean allèrent prendre le corps de Jean, et l'ensevelirent puis le mirent dans un sépulcre. Ensuite, ils allèrent l'annoncer à Jésus. Pendant qu'il discutait avec ses disciples, la nouvelle lui est parvenue ; Jésus partit de là dans une barque, pour se retirer à l'écart dans un lieu désert ; de l'autre côté de la mer de Galilée, de Tibériade. Beaucoup de gens les virent s'en aller et les reconnurent, et de toutes les villes les foules ont accouru à pied et les devança au lieu où ils se rendaient. Quand il sortit de la barque, Jésus vit une grande foule, et fut ému de compassion pour eux, parce qu'ils étaient comme des brebis qui n'ont point de berger ; il les prit avec lui, et il se mit à leur enseigner beaucoup de choses. C'était l'approche, de la Pâque, la fête des Juifs.

63- JESUS NOURRIT 5000 HOMMES

Le soir étant venu, les disciples s'approchèrent de lui, et dirent : ce lieu est désert, et l'heure est déjà avancée ; renvoie la foule, afin qu'elle aille dans les villages, pour s'acheter des vivres. Jésus leur répondit : ils n'ont pas besoin de s'en aller ; donnez-leur vous-mêmes à manger. Mais ils lui dirent : irions-nous acheter des pains pour deux cents deniers, et leur donnerions-nous à manger ? Jésus dit à Philippe : où achèterons-nous des pains, pour que ces gens aient à manger ? Il disait cela pour l'éprouver, car il savait ce qu'il allait faire. Philippe lui répondit : les pains qu'on aurait pour deux cents deniers ne suffiraient pas pour que chacun en reçût un peu. Un de ses disciples, André, frère de Simon Pierre, lui dit : il y a ici un jeune garçon qui a cinq pains d'orge et deux poissons ; mais qu'est-ce que cela pour tant de gens ? Alors il leur commanda de les faire tous asseoir par groupes sur l'herbe verte, et ils s'assirent par rangées de cent et de cinquante. Il prit les cinq pains et les deux poissons et, levant les yeux vers le ciel, il rendit grâces. Puis, il rompit les pains, et les donna aux disciples, afin qu'ils les distribuassent à la foule autant qu'ils en voulurent. Il partagea aussi les deux poissons entre tous. Tous mangèrent et furent rassasiés. ***Alors, il dit à ses disciples : ramassez les morceaux qui restent, afin que rien ne se perde.*** Ils les ramassèrent donc, et ils remplirent douze paniers avec les morceaux qui restèrent des cinq pains d'orge. Ceux qui avaient mangé étaient environ cinq mille hommes, sans compter les femmes et les enfants. Ces gens, ayant vu le miracle que Jésus avait fait, disaient : celui-ci est vraiment le prophète qui doit venir dans le monde.

64- JESUS SUR LA MER

Et Jésus, sachant qu'ils allaient venir l'enlever pour le faire roi, se retira de nouveau sur la montagne, lui seul. Aussitôt après, il obligea ses disciples à monter dans la barque et à passer avant lui de l'autre côté, vers Bethsaïda, pendant que lui-même renverrait la foule. Étant montés dans une barque, ils traversaient la mer pour se rendre à Capernaüm. Quand il eut renvoyé la foule, il s'en alla sur la montagne, pour prier. Le soir étant venu, la barque des disciples, était déjà au milieu de la mer ; et battue par les flots après avoir ramé environ vingt-cinq ou trente stades *(environ 4625 m soit plus de 4 kilomètres : 1stade =185m)*, il vit qu'ils avaient beaucoup de peine à ramer ; car le vent leur était contraire. A la quatrième veille de la nuit environ *(entre 3h et 6h du matin),* il alla vers eux, marchant sur la mer, et il voulait les dépasser. Les disciples le virent marcher sur la mer, ils furent troublés, et dirent : c'est un fantôme ! Et, dans leur frayeur, ils poussèrent des cris. Mais Jésus leur dit : c'est moi ; n'ayez pas peur ! Pierre lui répondit : Seigneur, si c'est toi, ordonne que j'aille vers toi sur les eaux. Et il dit : viens ! ***Pierre sortit de la barque, et marcha sur les eaux, pour aller vers Jésus. Mais, voyant que le vent était fort, il eut peur ; et, comme il commençait à enfoncer, il s'écria : Seigneur, sauve-moi ! Aussitôt Jésus étendit la main, le saisit, et lui dit : homme de peu de foi, pourquoi as-tu douté ? Et ils montèrent dans la barque, et le vent cessa.*** Ceux qui étaient dans la barque vinrent se prosterner devant Jésus, et dirent : tu es véritablement le Fils de Dieu.

65- GUERISON A GENESARETH

Après avoir traversé la mer, ils vinrent dans le pays de Génésareth. Les gens de ce lieu, ayant reconnu Jésus, envoyèrent des messagers dans tous les environs, et on lui amena tous les malades. En quelque lieu qu'il arrivât, dans les villages, dans les villes ou dans les campagnes, on mettait les malades sur les places publiques, et ***on le priait de leur permettre seulement de toucher le bord de son vêtement. Et tous ceux qui le touchaient étaient guéris.***

66- LE VRAI PAIN

La foule qui était restée de l'autre côté de la mer avait remarqué qu'il ne se trouvait là qu'une seule barque, et que Jésus n'était pas monté dans cette barque avec ses disciples, mais qu'ils étaient partis seuls. Le lendemain, comme d'autres barques étaient arrivées de Tibériade près du lieu où ils avaient mangé le pain après que le Seigneur eut rendu grâces. Les gens de la foule, ayant vu que ni Jésus ni ses disciples n'étaient là, montèrent eux-mêmes dans ces barques et allèrent à Capernaüm à la recherche de Jésus. ***Et l'ayant trouvé au-delà de la mer, ils lui dirent : rabbi, quand es-tu venu ici ? Jésus leur répondit : en vérité, en vérité, je vous le dis, vous me cherchez, non parce que vous avez vu des miracles, mais parce que vous avez mangé des pains et que vous avez été rassasiés. Travaillez, non pour la nourriture qui périt, mais pour celle qui subsiste pour la vie éternelle, et que le Fils de l'homme vous donnera ; car c'est lui que Dieu le Père, a marqué de son sceau. Ils lui dirent : que devons-nous faire, pour faire les œuvres de Dieu ? Jésus leur répondit : l'œuvre de Dieu, c'est que vous croyiez en celui qu'il a envoyé.*** Quel miracle fais-tu donc, lui dirent-ils, afin que nous le voyions, et que nous croyions en toi ? Que fais-tu ? Nos pères ont mangé la manne dans le désert, selon ce qui est écrit **(Exode 16 :15)** : il leur donna le pain du ciel à manger. Jésus leur dit : en vérité, en vérité, je vous le dis, Moïse ne vous a pas donné le pain du ciel, mais mon Père vous donne le vrai pain du ciel ; car le pain de Dieu, c'est celui qui descend du ciel et qui donne la vie au monde. Ils lui dirent : Seigneur, donne-nous toujours ce pain. Jésus leur dit : je suis le pain de vie. Celui qui vient à moi n'aura jamais faim, et celui qui croit en moi n'aura jamais soif. Mais, je vous l'ai dit, vous m'avez vu, et vous ne croyez point. ***Tous ceux que le Père me donne viendront à moi, et je ne mettrai pas dehors celui qui vient à moi ; car je suis descendu du ciel pour faire, non ma volonté, mais la volonté de celui qui m'a envoyé.*** Or, la volonté de celui qui m'a envoyé, c'est que je ne perde rien de tout ce qu'il m'a donné, mais que je le ressuscite au dernier jour. ***La volonté de mon Père, c'est que quiconque voit le Fils et croit en lui ait la vie éternelle ; et je le ressusciterai au dernier jour.*** Les Juifs murmuraient à son sujet, parce qu'il avait dit : je suis le pain qui est descendu du ciel. Et ils disaient : n'est-ce pas là Jésus, le fils de Joseph, celui dont nous connaissons le père et la mère ? Comment donc dit-il : je suis descendu du ciel ? Jésus leur répondit : ne murmurez pas entre vous. ***Nul ne peut venir à moi, si le Père qui m'a envoyé ne l'attire ; et je le ressusciterai au dernier jour.*** Il est écrit dans les prophètes : *ils seront tous enseignés de Dieu.* Ainsi quiconque a entendu le Père et a reçu son enseignement vient à moi. C'est que nul n'a vu le Père, sinon celui qui vient de Dieu ; celui-là a vu le Père. En vérité, en vérité, je vous le dis, celui qui croit en moi à la vie éternelle. Je suis le pain de vie. Vos pères ont mangé la manne dans le désert, et ils sont morts. C'est ici le pain qui descend du ciel, afin que celui qui en mange ne meure point. Je suis le pain vivant qui est descendu du ciel. Si quelqu'un mange de ce pain, il vivra éternellement ; et le pain que je donnerai, c'est ma chair, que je donnerai pour la vie du monde. Là-dessus, les Juifs disputaient entre eux, disant : comment peut-il nous donner sa chair à manger ? ***Jésus leur dit : en vérité, en vérité, je vous le dis, si vous ne mangez la chair du Fils de l'homme, et si vous ne buvez son sang, vous n'avez point la vie en vous-mêmes. Celui qui mange ma chair et qui boit mon sang a la vie éternelle ; et je le ressusciterai au dernier jour.*** Car ma chair est vraiment une nourriture, et mon sang est vraiment un breuvage. Celui qui mange ma chair et qui boit mon sang demeure en moi, et je demeure en lui. Comme le Père qui est vivant m'a envoyé, et que je vis par le Père, ainsi celui qui me mange vivra par moi. C'est ici le pain qui est descendu du ciel. Il n'en est pas comme de vos pères qui ont mangé la manne et qui sont morts : celui qui mange ce pain vivra éternellement. Jésus dit ces choses dans la synagogue, enseignant à Capernaüm. ***(Un exemple de ces mots de Jésus dans Esaïe 55 :1-3)***

67- JESUS CAUSE DE CHUTE

Plusieurs de ses disciples, après l'avoir entendu, dirent : cette parole est dure ; qui peut l'écouter ? Jésus, sachant en lui-même que ses disciples murmuraient à ce sujet, leur dit : cela vous scandalise-t-il ? Et si vous voyez le Fils de l'homme monter où il était auparavant ? ***C'est l'esprit qui vivifie ; la chair ne sert de rien. Les paroles que je vous ai dites sont esprit et vie.*** Mais il en est parmi vous quelques-uns qui ne croient point. Car Jésus savait dès le commencement qui était ceux qui ne croyaient point, et qui était celui qui le livrerait. Et il ajouta : ***c'est pourquoi je vous ai dit que nul ne peut venir à moi, si cela ne lui a été donné par le Père.*** Dès ce moment, plusieurs de ses disciples se retirèrent, et ils n'allaient plus avec lui. Jésus donc dit aux douze : et vous, ne voulez-vous pas aussi vous en aller ? ***Simon Pierre lui répondit : Seigneur, à qui irions-nous ? Tu as les paroles de la vie éternelle.*** Et nous avons cru et nous avons connu que tu es le Christ, le Saint de Dieu. ***Jésus leur répondit : n'est-ce pas moi qui vous ai choisis, vous les douze ? Et l'un de vous est un démon !*** Il parlait de Judas Iscariot, fils de Simon ; car c'était lui qui devait le livrer, lui, l'un des douze.

68- LA FETE DES TABERNACLES

Après cela, Jésus parcourait la Galilée, car il ne voulait pas séjourner en Judée, parce que les Juifs cherchaient à le faire mourir. Or, la fête des Juives celle des Tentes, était proche. En effet, c'est la fête des Tabernacles et ses frères lui dirent : pars d'ici, et va en Judée, afin que tes disciples voient aussi les œuvres que tu fais. Personne n'agit en secret, lorsqu'il désire paraître : si tu fais ces choses, montre-toi toi-même au monde. Car ses frères non plus ne croyaient pas en lui. Jésus leur dit : mon temps n'est pas encore venu, mais votre temps est toujours prêt. ***Le monde ne peut vous haïr ; moi, il me hait, parce que je rends de lui le témoignage que ses œuvres sont mauvaises.*** Montez, vous, à cette fête ; pour moi, je n'y monte point, parce que mon temps n'est pas encore accompli. Après leur avoir dit cela, il resta en Galilée. Lorsque ses frères furent montés à la fête, il y monta aussi lui-même, non publiquement, mais comme en secret. Les Juifs le cherchaient pendant la fête, et disaient : où est-il ? Il y avait dans la foule grande rumeur à son sujet. Les uns disaient : c'est un homme de bien. D'autres disaient : non, il égare la multitude. Personne, toutefois, ne parlait librement de lui, par crainte des Juifs. Vers le milieu de la fête, Jésus monta au temple, et il enseignait. Les Juifs s'étonnaient, disant : comment connaît-il les Ecritures, lui qui n'a point étudié ? Jésus leur répondit : ma doctrine n'est pas de moi, mais de celui qui m'a envoyé. Si quelqu'un veut faire sa volonté, il connaîtra si ma doctrine est de Dieu, ou si je parle de mon chef. Celui qui parle de son chef cherche sa propre gloire ; mais celui qui cherche la gloire de celui qui l'a envoyé, celui-là est vrai, et il n'y a point d'injustice en lui. Moïse ne vous a-t-il pas donné la loi ? Et nul de vous n'observe la loi. Pourquoi cherchez-vous à me faire mourir ? La foule répondit : tu as un démon. Qui est-ce qui cherche à te faire mourir ? Jésus leur répondit : j'ai fait une œuvre, et vous êtes tous en étonnés. Moïse vous a donné la circoncision, non qu'elle vienne de Moïse, car elle vient des patriarches, et vous circoncisez un homme le jour du sabbat. Si un homme reçoit la circoncision le jour du sabbat, afin que la loi de Moïse ne soit pas violée. Pourquoi vous irritez-vous contre moi alors de ce que j'ai guéri un homme tout entier le jour du sabbat ? Ne jugez pas selon l'apparence, mais jugez selon la justice. Quelques habitants de Jérusalem disaient : n'est-ce pas là celui qu'ils cherchent à faire mourir ? Et voici, il parle librement, et ils ne lui disent rien ! Est-ce que vraiment les chefs auraient reconnu qu'il est le Christ ? Cependant celui-ci, nous savons d'où il est ; mais le Christ, quand il viendra, personne ne saura d'où il est. Et Jésus, enseignant dans le temple, s'écria : vous me connaissez, et vous savez d'où je suis ! Je ne suis pas venu de moi-même : mais celui qui m'a envoyé est vrai, et vous ne le connaissez pas. Moi, je le connais ; car je viens de lui, et c'est lui qui m'a envoyé. Ils cherchaient donc à se saisir de lui, et personne ne mit la main sur lui, parce que son heure n'était pas encore venue. Plusieurs parmi la foule crurent en lui, et ils disaient : le Christ, quand il viendra, fera-t-il plus de miracles que n'en a fait celui-ci ? Les pharisiens entendirent la foule murmurant de lui ces choses. Alors les principaux sacrificateurs et les pharisiens envoyèrent des huissiers pour le saisir. Jésus dit : je suis encore avec vous pour un peu de temps, puis je m'en vais vers celui qui m'a envoyé. Vous me chercherez et vous ne me trouverez pas, et vous ne pouvez venir où je serai. Sur quoi les Juifs dirent entre eux : où ira-t-il, que nous ne le trouvions pas ? Ira-t-il parmi ceux qui sont dispersés chez les Grecs, et enseignera-t-il les Grecs ? Que signifie cette parole qu'il a dite : vous me chercherez et vous ne me trouverez pas, et vous ne pouvez venir où je serai ? Le dernier jour, grand jour de la fête, Jésus, se tenant debout, s'écria ***: si quelqu'un a soif, qu'il vienne à moi, et qu'il boive. Celui qui croit en moi, des fleuves d'eau vive couleront de son sein,*** comme dit l'Écriture ***(Esaïe 43 :19).*** Il dit cela de l'Esprit que devaient recevoir ceux qui croiraient en lui ; car l'Esprit n'était pas encore, parce que Jésus n'avait pas encore été glorifié. Des gens de la foule, ayant entendu ces paroles, disaient : celui-ci est vraiment le prophète. D'autres disaient : c'est le Christ. Et d'autres disaient : est-ce bien de la Galilée que doit venir le Christ ? L'Écriture ne dit-elle pas que c'est de la postérité de David, et du village de Bethléhem, où était David, que le Christ doit venir ? Il y eut donc, à cause de lui, division parmi la foule. Quelques-uns d'entre eux voulaient le saisir, mais personne ne mit la main sur lui. Ainsi les huissiers *(les gardes)* retournèrent vers les principaux sacrificateurs et les pharisiens. Et ceux-ci leur dirent : pourquoi ne l'avez-vous pas amené ? Les huissiers répondirent : jamais un homme n'a parlé comme cet homme. Les pharisiens leur répliquèrent : est-ce que vous aussi, vous avez été séduits ? Y a-t-il quelqu'un des chefs ou des pharisiens qui aient cru en lui ? ***Mais cette foule qui ne connaît pas la loi, ce sont des maudits !*** Nicodème, qui était venu de nuit vers Jésus, et qui était l'un d'entre eux, leur dit : notre loi condamne-t-elle un homme avant qu'on l'entende et qu'on sache ce qu'il a fait ? Ils lui répondirent : es-tu aussi Galiléen ? Examine, et tu verras que de la Galilée il ne sort point de prophète. Et chacun s'en retourna dans sa maison.

69- LA DEMANDE DES JUIFS

On célébrait à Jérusalem la fête de la Dédicace. C'était l'hiver. Et Jésus se promenait dans le temple, sous le portique de Salomon. Les Juifs l'entourèrent, et lui dirent : jusques à quand tiendras-tu notre esprit en suspens ? Si tu es le Christ, dis-le-nous franchement. Jésus leur répondit : je vous l'ai dit, et vous ne croyez pas. Les œuvres que je fais au nom de mon Père rendent témoignage de moi. ***Mais vous ne croyez pas, parce que vous n'êtes pas de mes brebis. Mes brebis entendent ma voix ; je les connais, et elles me suivent. Je leur donne la vie éternelle et elles ne périront jamais, et personne ne les ravira de ma main. Mon Père, qui me***

les a données, est plus grand que tous ; et personne ne peut les ravir de la main de mon Père (Esaïe 43 :13). Moi et le Père nous sommes un. Alors les Juifs prirent de nouveau des pierres pour le lapider. Jésus leur dit : je vous ai fait voir plusieurs bonnes œuvres venant de mon Père : pour laquelle me lapidez-vous ? Les Juifs lui répondirent : ce n'est point pour une bonne œuvre que nous te lapidons, mais pour un blasphème, et parce que toi, qui es un homme, tu te fais Dieu. Jésus leur répondit : n'est-il pas écrit dans votre loi **(Psaume 82 :6)** : *vous êtes des dieux ?* Si elle a appelé dieux ceux à qui la parole de Dieu a été adressée, et si l'Écriture ne peut être anéantie, celui que le Père a sanctifié et envoyé dans le monde, vous lui dites : tu blasphèmes ! Et cela parce que j'ai dit : je suis le Fils de Dieu. Si je ne fais pas les œuvres de mon Père, ne me croyez pas. Mais si je les fais, quand même vous ne me croyez point, croyez à ces œuvres, afin que vous sachiez et reconnaissiez que le Père est en moi et que je suis dans le Père. Là-dessus, ils cherchèrent encore à le saisir, mais il s'échappa de leurs mains. Jésus s'en alla de nouveau au-delà du Jourdain, dans le lieu où Jean avait d'abord baptisé. Et il y demeura. ***Beaucoup de gens vinrent à lui, et ils disaient Jean n'a fait aucun miracle ; mais tout ce que Jean a dit de cet homme était vrai.*** Et, dans ce lieu-là, plusieurs crurent en lui.

70- JAÏRUS ET LA FEMME SOUFFRANT DE LA PERTE DU SANG

Tandis qu'il leur adressait ces paroles, vint un homme, nommé Jaïrus, qui était chef de la synagogue. Il se jeta à ses pieds, et le supplia d'entrer dans sa maison, et lui adressa cette instante prière : ma petite fille est à l'extrémité, viens, impose-lui les mains, afin qu'elle soit sauvée et qu'elle vive. Parce qu'il avait une fille unique d'environ douze ans qui se mourait. Pendant que Jésus y allait, il était pressé par la foule. Or, il y avait une femme atteinte d'une perte de sang depuis douze ans. Elle avait beaucoup souffert entre les mains de plusieurs médecins, elle avait dépensé tout ce qu'elle possédait, et elle n'avait éprouvé aucun soulagement, mais était allée plutôt en empirant. Ayant entendu parler de Jésus, elle vint dans la foule par derrière, et toucha son vêtement. ***Car elle disait : si je puis seulement toucher ses vêtements, je serai guérie. Au même instant la perte de sang s'arrêta, et elle sentit dans son corps qu'elle était guérie de son mal.*** Et Jésus dit : qui m'a touché ? Comme tous s'en défendaient, Pierre et ceux qui étaient avec lui dirent : maître, la foule t'entoure et te presse, et tu dis : qui m'a touché ? Mais Jésus répondit : quelqu'un m'a touché, car j'ai connu qu'une force était sortie de moi. La femme, se voyant découverte, vint toute tremblante se jeter à ses pieds, et déclara devant tout le peuple pourquoi elle l'avait touché, et comment elle avait été guérie à l'instant. Jésus lui dit : ma fille, ta foi t'a sauvée ; va en paix. Comme il parlait encore, survinrent de chez le chef de la synagogue des gens qui dirent : ta fille est morte ; pourquoi importuner davantage le maître ? Mais Jésus, ayant entendu cela, dit au chef de la synagogue : ne crains pas, crois seulement, et elle sera sauvée. Lorsqu'il fut arrivé à la maison, il ne permit à personne d'entrer avec lui, si ce n'est à Pierre, à Jean et à Jacques, et au père et à la mère de l'enfant. Ils arrivèrent à la maison du chef de la synagogue, où Jésus vit les joueurs de flûte une foule bruyante et des gens qui pleuraient et poussaient de grands cris. Il entra, et leur dit : pourquoi faites-vous du bruit, et pourquoi pleurez-vous ? L'enfant n'est pas morte, mais elle dort. Et ils se moquaient de lui. Alors, ayant fait sortir tout le monde, il prit avec lui le père et la mère de l'enfant, et ceux qui l'avaient accompagné, et il entra là où était l'enfant. Mais il la saisit par la main, et dit d'une voix forte : Talitha koumi, ce qui signifie : jeune fille, lève-toi, je te le dis. Aussitôt la jeune fille se leva, et se mit à marcher. Et ils furent dans un grand étonnement Jésus leur adressa de fortes recommandations, pour que personne ne sût la chose ; et il dit qu'on donnât à manger à la jeune fille. Le bruit s'en répandit dans toute la contrée.

71- LA TRANSFIGURATION

Environ Six à huit jours après qu'il eut dit ces paroles, Jésus prit avec lui Pierre, Jean et Jacques, et il monta sur la montagne pour prier. ***Pendant qu'il priait, il fut transfiguré et l'aspect de son visage changea puis resplendissait comme le soleil, son vêtement devint d'une éclatante blancheur qu'il n'est pas de foulon sur la terre qui puisse blanchir ainsi ; c'était blanc comme la lumière. Et voici, deux hommes s'entretenaient avec lui : c'étaient Moïse et Élie qui, apparaissant dans la gloire***, parlaient de son départ qu'il allait accomplir à Jérusalem. Pierre et ses compagnons étaient appesantis par le sommeil ; mais, s'étant tenus éveillés, ils virent la gloire de Jésus et des deux hommes qui étaient avec lui. Au moment où ces hommes se séparaient de Jésus, Pierre lui dit : maître, il est bon que nous soyons ici ; dressons trois tentes, une pour toi, une pour Moïse, et une pour Élie. Il ne savait point ce qu'il disait, car l'effroi les avait saisis. Comme il parlait encore, une nuée lumineuse les couvrit. Et voici, une voix fit entendre de la nuée ces paroles : celui-ci est mon Fils bien-aimé, en qui j'ai mis toute mon affection : écoutez-le ! Lorsqu'ils entendirent cette voix, les disciples tombèrent sur leur face, et furent saisis d'une grande frayeur. Mais Jésus, s'approchant, les toucha, et dit : levez-vous, n'ayez pas peur ! Ils levèrent les yeux, et ne virent que Jésus seul. Comme ils descendaient de la montagne, Jésus leur donna cet ordre : ***ne parlez à personne de cette vision, jusqu'à ce que le Fils de l'homme soit ressuscité des morts.*** Ils retinrent cette parole, se demandant entre eux ce que c'est que ressusciter des morts. Les disciples lui firent cette question : *pourquoi donc les scribes disent-ils qu'Élie doit venir premièrement* **(Malachie 4 :5-6)** ? Il répondit : il est vrai qu'Élie doit venir, et rétablir toutes choses. Mais je vous dis qu'Élie est déjà venu, ils ne l'ont pas reconnu, et ils l'ont traité comme ils ont voulu. De même le Fils de l'homme souffrira beaucoup et être méprisé de leur part. Les disciples comprirent alors qu'il leur parlait de Jean Baptiste.

72- L'ENFANT LUNATIQUE

Le lendemain, lorsqu'ils furent arrivés près des disciples, ils virent autour d'eux une grande foule, et des scribes qui discutaient avec eux. Dès que la foule vit Jésus, elle fut surprise, et accourut pour le saluer. Il leur demanda : sur quoi discutez-vous avec eux ? Un homme vint se jeter à genoux devant Jésus, et dit : Seigneur, aie pitié de mon fils, qui est lunatique sourd et muet, et qui souffre cruellement ; en quelque lieu qu'il le saisisse, il le jette par terre ; l'enfant écume, grince des dents, et devient tout raide. J'ai prié tes disciples de chasser l'esprit, et ils n'ont pas pu. Race incrédule, leur dit Jésus, jusqu'à quand serai-je avec vous ? Jusqu'à quand vous supporterai-je ? Amenez-le-moi. On le lui amena. Et aussitôt que l'enfant vit Jésus, l'esprit l'agita avec violence ; il tomba par terre, et se roulait en écumant. Jésus demanda au père : combien y a-t-il de temps que cela lui arrive ? Depuis son enfance, répondit-il. ***Si tu peux quelque chose, viens à notre secours, aie compassion de nous. Jésus lui dit : si tu peux !... Tout est possible à celui qui croit. Aussitôt le père de l'enfant s'écria : je crois ! Viens au secours de mon incrédulité !*** Jésus, voyant accourir la foule, menaça l'esprit impur, et lui dit : esprit muet et sourd, je te l'ordonne, ***sors de cet enfant, et n'y rentre plus.*** Et il sortit, en poussant des cris, et en l'agitant avec une grande violence. L'enfant devint comme mort, de sorte que plusieurs disaient qu'il était mort. Et tous furent frappés de la grandeur de Dieu. Chacun était dans l'admiration de tout ce que faisait Jésus. Quand Jésus fut entré dans la maison, ses disciples lui demandèrent en particulier : pourquoi n'avons-nous pu chasser cet esprit ? C'est à cause de votre incrédulité, leur dit Jésus. ***Je vous le dis en vérité, si vous aviez de la foi comme un grain de sénevé, vous diriez à cette montagne : transporte-toi d'ici là, et elle se transporterait ; rien ne vous serait impossible. Mais ce type de démon ne sort que par la prière et par le jeûne.***

73- JESUS ANNONCE SA PASSION

Ils partirent de là, et traversèrent la Galilée. Jésus ne voulait pas qu'on le sût. Car il enseignait ses disciples, et il leur dit : le Fils de l'homme sera livré entre les mains des hommes ; ils le feront mourir, et, trois jours après qu'il aura été mis à mort, il ressuscitera. Ils furent profondément attristés. Mais les disciples ne comprenaient pas cette parole, et ils craignaient de l'interroger.

74- LES VIGNERONS MEURTRIERS

Il se mit ensuite à dire au peuple cette parabole : un homme planta une vigne, l'afferma à des vignerons, et quitta pour longtemps le pays. Lorsque le temps de la récolte fut arrivé, il envoya ses serviteurs vers les vignerons, pour recevoir le produit de sa vigne. Les vignerons, s'étant saisis de ses serviteurs, battirent l'un, tuèrent l'autre, et lapidèrent le troisième. Il envoya encore d'autres serviteurs, en plus grand nombre que les premiers ; et les vignerons les traitèrent de la même manière. Le maître de la vigne dit : que ferai-je ? J'enverrai mon fils bien-aimé ; peut-être auront-ils pour lui du respect. Mais, quand les vignerons le virent, ils raisonnèrent entre eux, et dirent : voici l'héritier ; tuons-le, afin que l'héritage soit à nous. Et ils le jetèrent hors de la vigne, et le tuèrent. Maintenant, lorsque le maître de la vigne viendra, que fera-t-il à ces vignerons ? Ils lui répondirent : il fera périr misérablement ces misérables, et il affermera la vigne à d'autres vignerons, qui lui en donneront le produit au temps de la récolte.

75- JESUS, LA VRAIE VIGNE

Je suis le vrai cep, et mon Père est le vigneron. ***Tout sarment qui est en moi et qui ne porte pas de fruit, il le retranche ; et tout sarment qui porte du fruit, il l'émonde (le tailler, le débarrasser de tout ce qui peut lui être nuisible), afin qu'il porte encore plus de fruit. Déjà vous êtes purs, à cause de la parole que je vous ai annoncée. Demeurez-en-moi, et je demeurerai en vous.*** Comme le sarment ne peut de lui-même porter du fruit, s'il ne demeure attaché au cep, ainsi vous ne le pouvez non plus, si vous ne demeurez en moi. Je suis le cep, vous êtes les sarments. ***Celui qui demeure en moi et en qui je demeure porte beaucoup de fruit, car sans moi vous ne pouvez rien faire.*** Si quelqu'un ne demeure pas en moi, il est jeté dehors, comme le sarment, et il sèche ; puis on ramasse les sarments, on les jette au feu, et ils brûlent. ***Si vous demeurez en moi, et que mes paroles demeurent en vous, demandez ce que vous voudrez, et cela vous sera accordé. Si vous portez beaucoup de fruit, c'est ainsi que mon Père sera glorifié, et que vous serez mes disciples.*** Comme le Père m'a aimé, je vous ai aussi aimés. Demeurez dans mon amour. Si vous gardez mes commandements, vous demeurerez dans mon amour, de même que j'ai gardé les commandements de mon Père, et que je demeure dans son amour. Je vous ai dit ces choses, afin que ma joie soit en vous, et que votre joie soit parfaite. C'est ici mon commandement : *aimez-vous les uns les autres, comme je vous ai aimés*. Il n'y a pas de plus grand amour que de donner sa vie pour ses amis. Vous êtes mes amis, si vous faites ce que je vous commande. Je ne vous appelle plus serviteurs, parce que le serviteur ne sait pas ce que fait son maître ; mais je vous ai appelés amis, parce que je vous ai fait connaître tout ce que j'ai appris de mon Père. ***Ce n'est pas vous qui m'avez choisi ; mais moi, je vous ai choisis, et je vous ai établis, afin que vous alliez, et que vous portiez du fruit, et que votre fruit demeure, afin que ce que vous demanderez au Père en mon nom, il vous le donne. Ce que je vous commande, c'est de vous aimer les uns les autres.***

76- MEME SORT POUR L'ELEVE ET LE MAITRE

Si le monde vous hait, sachez qu'il m'a haï avant vous. Si vous étiez du monde, le monde aimerait ce qui est à lui ; mais parce que vous n'êtes pas du monde, et que je vous ai choisis du milieu du monde, à cause de cela le monde vous hait. Souvenez-vous de la parole que je vous ai dite : ***le serviteur n'est pas plus grand que son maître. S'ils m'ont persécuté, ils***

vous persécuteront aussi ; s'ils ont gardé ma parole, ils garderont aussi la vôtre. Mais ils vous feront toutes ces choses à cause de mon nom, parce qu'ils ne connaissent pas celui qui m'a envoyé. Si je n'étais pas venu et que je ne leur eusse point parlé, ils n'auraient pas de péché ; mais maintenant ils n'ont aucune excuse de leur péché. Celui qui me hait, hait aussi mon Père. ***Si je n'avais pas fait parmi eux des œuvres que nul autre n'a faites, ils n'auraient pas de péché ; mais maintenant ils les ont vues, et ils ont haï et moi et mon Père.*** *Mais cela est arrivé afin que s'accomplît la parole qui est écrite dans leur loi : ils m'ont haï sans cause* **(Psaume 35.19).** Quand sera venu le consolateur, que je vous enverrai de la part du Père, l'Esprit de vérité, qui vient du Père, il rendra témoignage de moi ; et vous aussi, vous rendrez témoignage, parce que vous êtes avec moi dès le commencement.

77- LA PIERRE ANGULAIRE

Mais, jetant les regards sur eux, Jésus dit : que signifie donc ce qui est écrit **(Psaume 118 :22-23)** : *la pierre qu'ont rejetée ceux qui bâtissaient, est devenue la principale de l'angle ; c'est par la volonté du Seigneur qu'elle l'est devenue, et c'est un prodige à nos yeux ?* ***C'est pourquoi, je vous le dis, le royaume de Dieu vous sera enlevé, et sera donné à une nation qui en rendra les fruits.*** *Quiconque tombera sur cette pierre s'y brisera, et celui sur qui elle tombera sera écrasé* **(Esaïe 8 :14-15).** Les principaux sacrificateurs et les scribes cherchèrent à mettre la main sur lui à l'heure même, mais ils craignirent le peuple. Ils avaient compris que c'était pour eux que Jésus avait dit cette parabole. Et ils craignaient la foule, parce qu'elle le tenait pour un prophète. Ensuite, ils le quittèrent, et s'en allèrent. Dès lors, ils se mirent à observer Jésus ; et ils envoyèrent des gens qui feignaient c'est à dire faisaient semblant d'être justes, pour lui tendre des pièges et saisir de lui quelque parole, afin de le livrer au magistrat et à l'autorité du gouverneur.

78- LA TAXE A CESAR

Alors les pharisiens allèrent se consulter sur les moyens de surprendre Jésus par ses propres paroles. Ils envoyèrent auprès de lui leurs disciples avec les hérodiens, qui dirent : ***maître, nous savons que tu parles et enseignes droitement, et que tu ne regardes pas à l'apparence, mais que tu enseignes la voie de Dieu selon la vérité. Est-il permis, ou non, de payer le tribut à César ? Devons-nous payer, ou ne pas payer ?*** Jésus, connaissant leur méchanceté, répondit : pourquoi me tentez-vous, hypocrites ? Apercevant leur ruse dit : montrez-moi la monnaie avec laquelle on paie le tribut. Et ils lui présentèrent un denier. Il leur demanda : de qui est cette effigie et cette inscription ? De César, lui répondirent-ils. Alors il leur dit : ***rendez donc à César ce qui est à César, et à Dieu ce qui est à Dieu.*** Ils ne purent rien reprendre dans ses paroles devant le peuple ; mais, étonnés de sa réponse, ils gardèrent le silence.

79- JESUS ET PIERRE PAIENT L'IMPÔT

Pendant qu'ils parcouraient la Galilée, Jésus leur dit : le Fils de l'homme doit être livré entre les mains des hommes ; ils le feront mourir, et le troisième jour il ressuscitera. Ils furent profondément attristés. Lorsqu'ils arrivèrent à Capernaüm, ceux qui percevaient les deux drachmes s'adressèrent à Pierre, et lui dirent : votre maître ne paie-t-il pas les deux drachmes ? Oui, dit-il. Et quand il fut entré dans la maison, Jésus le prévint, et dit : que t'en semble, Simon ? Les rois de la terre, de qui perçoivent-ils des tributs (impôts) ? De leurs fils, ou des étrangers ? Il lui dit : des étrangers. Et Jésus lui répondit : les fils en sont donc exempts. ***Mais, pour ne pas les scandaliser, va à la mer, jette l'hameçon, et tire le premier poisson qui viendra ; ouvre-lui la bouche, et tu trouveras un statère. Prends-le, et donne-le-leur pour moi et pour toi.***

80- SUJET SUR LA RESURRECTION

Le même jour, les sadducéens, qui disent qu'il n'y a point de résurrection, vinrent auprès de Jésus, et lui firent cette question : maître, Moïse a dit **(Deutéronome 25 :5)** *: si quelqu'un meurt sans enfants, son frère épousera sa veuve, et suscitera une postérité à son frère.* Or, il y avait parmi nous sept frères. Le premier se maria, et mourut ; et, comme il n'avait pas d'enfants, il laissa sa femme à son frère. Le second prit la veuve pour femme, et mourut sans laisser de postérité. Il en fut de même du troisième, et aucun des sept ne laissa de postérité. Après eux tous, la femme mourut aussi. A la résurrection, duquel d'entre eux sera-t-elle la femme ? Car les sept l'ont eue pour femme. Jésus leur répondit : ***vous êtes dans l'erreur, parce que vous ne comprenez ni les Ecritures, ni la puissance de Dieu. Ensuite, il leur dit : les enfants de ce siècle prennent des femmes et des maris ; mais ceux qui seront trouvés dignes d'avoir part au siècle à venir et à la résurrection des morts ne prendront ni femmes ni maris. Car ils ne pourront plus mourir, parce qu'ils seront semblables aux anges, et qu'ils seront fils de Dieu, étant fils de la résurrection.*** Pour ce qui est de la résurrection des morts, n'avez-vous pas lu, dans le livre de Moïse **(Exode 3 :2-6)**, ce que Dieu lui dit, à propos du buisson : *je suis le Dieu d'Abraham, le Dieu d'Isaac, et le Dieu de Jacob ?* Dieu n'est pas Dieu des morts, mais des vivants. Vous êtes grandement dans l'erreur. Quelques-uns des scribes, prenant la parole, dirent : maître, tu as bien parlé. Et ils n'osaient plus lui faire aucune question.

81- LE MESSIE ET DAVID

Continuant à enseigner dans le temple, et Comme les pharisiens étaient assemblés, Jésus les interrogea en disant : que pensez-vous du Christ ? De qui est-il fils ? Ils lui répondirent : de David. Et Jésus leur dit : comment donc David, animé par l'Esprit, l'appelle-t-il Seigneur, lorsqu'il dit **(Psaume 110 :1-2)** : ***le Seigneur a dit à mon Seigneur : assieds-toi à ma droite, jusqu'à ce que je fasse de tes ennemis ton marchepied ? Si donc David l'appelle Seigneur, comment est-il son fils ?*** Nul ne put lui répondre un mot. Et, depuis ce jour, personne n'osa plus lui proposer des questions. Et une grande foule l'écoutait avec plaisir.

82- LES MISES EN GARDE

Pendant que Jésus parlait, un pharisien le pria de dîner chez lui. Il entra, et se mit à table. Le pharisien vit avec étonnement qu'il ne s'était pas lavé avant le repas. Mais le Seigneur lui dit : vous, pharisiens, vous nettoyez le dehors de la coupe et du plat, et à l'intérieur vous êtes pleins de rapine et de méchanceté. Insensés ! Celui qui a fait le dehors n'a-t-il pas fait aussi le dedans ? Donnez plutôt en aumônes ce qui est dedans, et voici, toutes choses seront pures pour vous. Alors Jésus, parlant à la foule et à ses disciples, dit : ***les scribes et les pharisiens sont assis dans la chaire de Moïse. Faites donc et observez tout ce qu'ils vous disent ; mais n'agissez pas selon leurs œuvres. Car ils disent, et ne font pas. Ils lient des fardeaux pesants, et les mettent sur les épaules des hommes, mais ils ne veulent pas les remuer du doigt.*** Ils font toutes leurs actions pour être vus des hommes. Ainsi, ils portent de larges phylactères *(morceau de peau ou de parchemin que des Juifs traditionnels s'attachent au bras ou au front, et sur lequel sont écrits des passages de l'Ecriture.)*, et ils ont de longues franges à leurs vêtements ; ils aiment à être salués dans les places publiques, et à être appelés par les hommes rabbi, rabbi. Mais vous, ***ne vous faites pas appeler rabbi ; car un seul est votre Maître, et vous êtes tous frères. Et n'appelez personne sur la terre votre père ; car un seul est votre Père, celui qui est dans les cieux. Ne vous faites pas appeler directeurs ; car un seul est votre Directeur, le Christ.*** Le plus grand parmi vous sera votre serviteur. Quiconque s'élèvera sera abaissé, et quiconque s'abaissera sera élevé.

-Malheur à vous, scribes et pharisiens hypocrites ! Parce que vous fermez aux hommes le royaume des cieux ; vous n'y entrez pas vous-mêmes, et vous n'y laissez pas entrer ceux qui veulent entrer.

-Malheur à vous, scribes et pharisiens hypocrites ! Parce que vous dévorez les maisons des veuves, et que vous faites pour l'apparence de longues prières ; à cause de cela, vous serez jugés plus sévèrement.

-Malheur à vous, scribes et pharisiens hypocrites ! Parce que vous courez la mer et la terre pour faire un prosélyte (païen converti au judaïsme) ; et, quand il l'est devenu, vous en faites un fils de la géhenne deux fois plus que vous.

-Malheur à vous, scribes et pharisiens hypocrites ! Parce que vous payez la dîme de la menthe, de l'aneth et du cumin, et que vous laissez ce qui est plus important dans la loi, la justice, la miséricorde et la fidélité : c'est là ce qu'il fallait pratiquer, sans négliger les autres choses. Conducteurs aveugles ! Qui coulez le moucheron, et qui avalez le chameau.

-Malheur à vous, scribes et pharisiens hypocrites ! Parce que vous nettoyez le dehors de la coupe et du plat, et qu'au dedans ils sont pleins de rapine et d'intempérance. Pharisien aveugle ! Nettoie premièrement l'intérieur de la coupe et du plat, afin que l'extérieur aussi devienne net.

-Malheur à vous, scribes et pharisiens hypocrites ! Parce que vous ressemblez à des sépulcres blanchis, qui paraissent beaux au dehors, et qui, au dedans, sont pleins d'ossements de morts et de toute espèce d'impuretés. Vous de même, au dehors, vous paraissez justes aux hommes, mais, au dedans, vous êtes pleins d'hypocrisie et d'iniquité.

-Malheur à vous, scribes et pharisiens hypocrites ! Parce que vous bâtissez les tombeaux des prophètes et ornez les sépulcres des justes, et que vous dites : si nous avions vécu du temps de nos pères, nous ne nous serions pas joints à eux pour répandre le sang des prophètes. Vous témoignez ainsi contre vous-mêmes que vous êtes les fils de ceux qui ont tué les prophètes. Comblez donc la mesure de vos pères. Serpents, race de vipères ! Comment échapperez-vous au châtiment de la géhenne ? C'est pourquoi, voici, je vous envoie des prophètes, des sages et des scribes. Vous tuerez et crucifierez les uns, vous battrez de verges les autres dans vos synagogues, et vous les persécuterez de ville en ville, afin que retombe sur vous tout le sang innocent répandu sur la terre, depuis *le sang d'Abel le juste jusqu'au sang de Zacharie, fils de Barachie, que vous avez tué entre le temple et l'autel.*

-Malheur à vous, conducteurs aveugles ! Qui dites : si quelqu'un jure par le temple, ce n'est rien ; mais, si quelqu'un jure par l'or du temple, il est engagé. Insensés et aveugles ! Lequel est le plus grand, l'or, ou le temple qui sanctifie l'or ? Si quelqu'un, dites-vous encore, jure par l'autel, ce n'est rien ; mais, si quelqu'un jure par l'offrande qui est sur l'autel, il est engagé. Aveugles ! Lequel est le plus grand, l'offrande, ou l'autel qui sanctifie l'offrande ? Celui qui jure par l'autel jure par l'autel et par tout ce qui est dessus. Celui qui jure par le temple jure par le temple et par celui qui l'habite. Et celui qui jure par le ciel jure par le trône de Dieu et par celui qui y est assis.

Gardez-vous d'eux, ils recherchent les premiers sièges dans les synagogues, et les premières places dans les festins, un des docteurs de la loi prit la parole, et lui dit : maître, en parlant de la sorte, c'est aussi nous que tu outrages. Quand il fut sorti de là, les scribes et les pharisiens commencèrent à le presser violemment, et à le faire parler sur beaucoup de choses, lui tendant des pièges, pour surprendre quelque parole sortie de sa bouche.

83- CELUI QU'IL FAUT CRAINDRE

Sur ces entrefaites, les gens s'étant rassemblés par milliers, au point de se fouler les uns les autres, Jésus se mit à dire à ses disciples : avant tout, gardez-vous du levain des pharisiens, qui est l'hypocrisie. Car ils vous livreront aux tribunaux, et ils vous battront de verges dans leurs synagogues ; vous serez menés, à cause de moi, devant des gouverneurs et devant des rois, pour servir de témoignage à eux et aux païens. Mais, quand on vous livrera, ne vous inquiétez ni de la manière dont vous parlerez, ni de ce que vous direz : ce que vous aurez à dire vous sera donné à l'heure même ; car ce n'est pas vous qui parlerez, c'est l'Esprit de votre Père qui parlera en vous. Le frère livrera son frère à la mort, et le père son enfant, les enfants se soulèveront contre leurs parents, et les feront mourir. ***Il n'y a rien de caché qui ne doive être découvert, ni de secret qui ne doive être connu.*** C'est pourquoi tout ce que vous aurez dit dans les ténèbres sera entendu dans la lumière, et ce que vous aurez dit à l'oreille dans les chambres sera prêché sur les toits. Je vous dis, à vous qui êtes mes amis : ***ne craignez pas ceux qui tuent le corps et qui, après cela, ne peuvent rien faire de plus. Je vous montrerai qui vous devez craindre. Craignez celui qui, après avoir tué, a le pouvoir de jeter dans la géhenne ; oui, je vous le dis, c'est lui que vous devez craindre. Ne vend-on pas cinq passereaux pour deux sous ? Cependant, aucun d'eux n'est oublié devant Dieu. Et même les cheveux de votre tête sont tous comptés. Ne craignez donc point : vous valez plus que beaucoup de passereaux.*** Je vous le dis, quiconque me confessera devant les hommes, le Fils de l'homme le confessera aussi devant les anges de Dieu ; mais celui qui me reniera devant les hommes sera renié devant les anges de Dieu.

84- LA PERSEVERANCE

Vous serez haïs de tous, à cause de mon nom ; mais celui qui persévérera jusqu'à la fin sera sauvé. Quand on vous persécutera dans une ville, fuyez dans une autre. Je vous le dis en vérité, vous n'aurez pas achevé de parcourir les villes d'Israël que le Fils de l'homme sera venu. ***Ne croyez pas que je sois venu apporter la paix sur la terre ; je ne suis pas venu apporter la paix, mais l'épée et le feu. Désormais cinq dans une maison seront divisés, trois contre deux, et deux contre trois ; car je suis venu mettre la division entre l'homme et son père, entre la fille et sa mère, entre la belle-fille et sa belle-mère et l'homme aura pour ennemis les gens de sa maison.*** Celui qui aime son père ou sa mère plus que moi n'est pas digne de moi, et celui qui aime son fils ou sa fille plus que moi n'est pas digne de moi ; celui qui ne prend pas sa croix, et ne me suit pas, n'est pas digne de moi. Celui qui conservera sa vie la perdra, et celui qui perdra sa vie à cause de moi la retrouvera. ***Celui qui vous reçoit me reçoit, et celui qui me reçoit, reçoit celui qui m'a envoyé. Celui qui reçoit un prophète en qualité de prophète recevra une récompense de prophète, et celui qui reçoit un juste en qualité de juste recevra une récompense de juste. Et quiconque donnera seulement un verre d'eau froide à l'un de ces petits parce qu'il est mon disciple, je vous le dis en vérité, il ne perdra point sa récompense.*** Que vos reins soient ceints, et vos lampes allumées. Et vous, soyez semblables à des hommes qui attendent que leur maître revienne des noces, afin de lui ouvrir dès qu'il arrivera et frappera. Heureux ces serviteurs que le maître, à son arrivée, trouvera veillant ! Je vous le dis en vérité, il se ceindra, les fera mettre à table, et s'approchera pour les servir. Qu'il arrive à la deuxième ou à la troisième *veille (entre 23h à 03h du matin comme ça)*, heureux ces serviteurs, s'il les trouve veillant ! Sachez-le bien, si le maître de la maison savait à quelle heure le voleur doit venir, il veillerait et ne laisserait pas percer sa maison. Vous aussi, tenez-vous prêts, car le Fils de l'homme viendra à l'heure où vous n'y penserez pas. Pierre lui dit : Seigneur, est-ce à nous, ou à tous, que tu adresses cette parabole ? Et le Seigneur dit : quel est donc l'économe fidèle et prudent que le maître établira sur ses gens, pour leur donner la nourriture au temps convenable ? Heureux ce serviteur, que son maître, à son arrivée, trouvera faisant ainsi ! Je vous le dis en vérité, il l'établira sur tous ses biens. Mais, si ce serviteur dit en lui-même : mon maître tarde à venir ; et se met à battre les serviteurs et les servantes, à manger, à boire et à s'enivrer. Le maître de ce serviteur viendra le jour où il ne s'y attend pas et à l'heure qu'il ne connaît pas, il le mettra en pièces, et lui donnera sa part avec les infidèles. ***Le serviteur qui, ayant connu la volonté de son maître, puis n'a rien préparé et n'a pas agi selon sa volonté, sera battu d'un grand nombre de coups. Mais celui qui, ne l'ayant pas connue, et qui a fait des choses dignes de châtiment, sera battu de peu de coups. On demandera beaucoup à qui l'on a beaucoup donné, et on exigera davantage de celui à qui l'on a beaucoup confié.*** Entrez par la porte étroite. Car large est la porte, spacieux est le chemin qui mènent à la perdition, et il y en a beaucoup qui entrent par là. Mais étroite est la porte, resserré le chemin qui mènent à la vie, et il y en a peu qui les trouvent. ***Gardez-vous des faux prophètes. Ils viennent à vous en vêtement de brebis, mais au dedans se sont des loups ravisseurs. Vous les reconnaîtrez à leurs fruits.*** Cueille-t-on des raisins sur des épines, ou des figues sur des chardons ? Tout bon arbre porte de bons fruits, mais le mauvais arbre porte de mauvais fruits. ***Un bon arbre ne peut porter de mauvais fruits, ni un mauvais arbre porter de bons fruits.*** Tout arbre qui ne porte pas de bons fruits est coupé et jeté au feu. ***C'est donc à leurs fruits que vous les reconnaîtrez.***

85- LE BON SERVITEUR

Pourquoi m'appelez-vous Seigneur, Seigneur ! Et ne faites-vous pas ce que je dis ***? Ceux qui me disent : Seigneur, Seigneur ! N'entreront pas tous dans le royaume des cieux, mais celui-là seul qui fait la volonté de mon Père qui est dans les cieux. Plusieurs me diront en ce jour-là : Seigneur, Seigneur, n'avons-nous pas prophétisé par ton nom ? N'avons-nous pas chassé des démons par ton nom ? Et n'avons-nous pas fait beaucoup de miracles par ton nom ? Alors je leur dirai ouvertement : je ne vous ai jamais connus, retirez-vous de moi, vous qui commettez l'iniquité.*** Je vous montrerai à qui est semblable tout homme qui vient à moi, entend mes paroles, et les met en pratique. Il est semblable à un homme qui, bâtissant une maison, a creusé, creusé profondément, et a posé le fondement sur le roc. Une inondation est venue, et le torrent s'est jeté contre cette maison, sans pouvoir l'ébranler, parce qu'elle était bien bâtie. Mais celui qui entend, et ne met pas en pratique, est semblable à un homme qui a bâti une maison sur la terre, sans fondement. Le torrent s'est jeté contre elle : aussitôt elle est tombée, et la ruine de cette maison a été grande. Après que Jésus eut achevé ces discours, la foule fut frappée de sa doctrine ; car il enseignait avec autorité, et non pas comme leurs scribes.

86- LE BON ENFANT

Que vous en semble ? Un homme avait deux fils ; et, s'adressant au premier, il dit : ***mon enfant, va travailler aujourd'hui dans ma vigne. Il répondit : je ne veux pas. Ensuite, il se repentit, et il alla.*** S'adressant à l'autre, il dit la même chose. Et ce fils répondit : ***je veux bien, seigneur. Et il n'alla pas.*** Lequel des deux a fait la volonté du père ? Ils répondirent : le premier. Et Jésus leur dit : je vous le dis en vérité, les publicains et les prostituées vous devanceront dans le royaume de Dieu. Car Jean est venu à vous dans la voie de la justice, et vous n'avez pas cru en lui. Mais les publicains et les prostituées ont cru en lui ; et vous, qui avez vu cela, vous ne vous êtes pas ensuite repentis pour croire en lui.

87- L'AUTORITE

Ils se rendirent à Capernaüm. Et, le jour du sabbat, Jésus entra d'abord dans la synagogue, et il enseigna. Ils étaient frappés de sa doctrine ; car il enseignait avec autorité, et non pas comme les scribes. Il se trouva dans la synagogue un homme qui avait un esprit de démon impur, et qui s'écria d'une voix forte : ah ! Qu'y a-t-il entre nous et toi, Jésus de Nazareth ? ***Tu es venu pour nous perdre. Je sais qui tu es : le Saint de Dieu. Jésus le menaça, disant : tais-toi, et sors de cet homme.*** Et le démon, en poussant un grand cri, le jeta au milieu de l'assemblée, et sortit de lui, sans ne lui faire aucun mal. Tous furent saisis de stupéfaction, de sorte qu'ils se demandaient les uns aux autres : qu'est-ce que ceci ? Une nouvelle doctrine ! Il commande avec autorité même aux esprits impurs, et ils lui obéissent ! Et sa renommée se répandit aussitôt dans tous les lieux environnants de la Galilée.

88- LA BELLE MÈRE DE SIMON

En sortant de la synagogue, ils se rendirent avec Jacques et Jean à la maison de Simon et d'André. ***La belle-mère de Simon était couchée, ayant la fièvre, aussitôt on parla d'elle à Jésus et le prièrent en sa faveur. S'étant approché, il menaça la fièvre*** et la fit lever en lui prenant la main. À l'instant la fièvre la quitta puis, elle se mit à les servir.

89- EXORCISME DE JÉSUS

Le soir, après le coucher du soleil, toute la ville était rassemblée devant sa porte, on lui amena tous les malades et les démoniaques. Il chassa les esprits par sa parole et par imposition, il guérit tous les malades. Des démons aussi sortirent de beaucoup de personnes, en criant et en disant : tu es le Fils de Dieu. Mais il les menaçait et ne leur permettait pas de parler, parce qu'ils savaient qu'il était le Christ. Cela s'est passé, afin que s'accomplît ce qui avait été annoncé par Ésaïe, le prophète **(Esaïe 42 :1-4)** : *voici mon serviteur que j'ai choisi, il a pris nos infirmités, et il s'est chargé de nos maladies. Mon bien-aimé en qui mon âme a pris plaisir. Je mettrai mon Esprit sur lui, et il annoncera la justice aux nations. Il ne contestera point, il ne criera point, et personne n'entendra sa voix dans les rues. Il ne brisera point le roseau cassé, et il n'éteindra point le lumignon qui fume, jusqu'à ce qu'il ait fait triompher la justice. Et les nations espéreront en son nom.*

90- LA TEMPETE APAISÉE

Se levant, il leur dit : allons ailleurs, dans les bourgades voisines, afin que j'y prêche aussi. Car c'est pour cela que je suis sorti. Ce même jour, sur le soir, Jésus leur dit : passons à l'autre bord. Après avoir renvoyé la foule, ils l'emmenèrent dans la barque où il se trouvait ; il y avait aussi d'autres barques avec lui. ***Et voici, il s'éleva un grand tourbillon de tempête, et les flots se jetaient dans la barque, au point qu'elle se remplissait déjà. Et lui, il dormait à la poupe (l'emplacement arrière d'un bateau) sur le coussin*** ; les disciples s'étant approchés le réveillèrent, et dirent : ***Seigneur, sauve-nous, nous périssons ! S'étant réveillé, il menaça le vent, et dit à la mer : silence ! Tais-toi ! Et le vent cessa, et il y eut un grand calme***. Il leur dit : pourquoi avez-vous peur, gens de peu de foi ? Ces hommes furent saisis d'étonnement et d'une grande frayeur, et ils se dirent les uns aux autres : quel est donc celui-ci, à qui obéissent même le vent et la mer ?

91- LES DEUX DEMONIAQUES AU TOMBEAU

Lorsqu'il fut arrivé à l'autre bord de la mer, dans le pays des Gadamériens. Vers le matin, pendant qu'il faisait encore très sombre, il se leva, et sortit pour aller dans un lieu désert, où il pria. Dès que le jour parut, Simon et ceux qui étaient avec lui se mirent à sa recherche ; ainsi qu'une foule de gens. L'ayant trouvé, ils arrivèrent jusqu'à lui ; ils voulaient le retenir, afin qu'il ne les quittât point. Mais il leur dit : ***il faut aussi que j'annonce aux autres villes la bonne***

nouvelle du royaume de Dieu. Car c'est pour cela que j'ai été envoyé. Jésus se mit de nouveau à enseigner au bord de la mer, dans le pays des Gadamériens, deux démoniaques, sortant des sépulcres, vinrent auprès de lui. En effet, ils étaient si furieux que personne n'osait passer par là. Ces hommes avaient leurs demeures dans les sépulcres, et personne ne pouvait plus les lier, même avec une chaîne. Car souvent, ils avaient eu les fers aux pieds et avaient été lié de chaînes, mais ils avaient rompu les chaînes et brisé les fers, et personne n'avait la force de les dompter. Ils étaient sans cesse, nuit et jour, dans les sépulcres et sur les montagnes, criant, et se meurtrissant avec des pierres. Ayant vu Jésus, ils accoururent, poussant un cri, se jetaient à ses pieds, et disent d'une voix forte : qu'y a-t-il entre nous et toi Jésus, Fils du Dieu Très Haut ? Nous t'en supplions, ne nous tourmente pas. Jésus commandait aux esprits impurs de sortir de ces hommes, dont ils s'étaient emparés depuis longtemps et Jésus leurs demanda : quel est votre nom ? Légion, répondirent-ils. Car plusieurs démons étaient entrés en eux. ***Et ils priaient instamment Jésus de ne pas leur ordonner d'aller dans l'abîme.*** Il y avait là, dans la montagne, un grand troupeau de pourceaux qui paissaient. ***Et les démons supplièrent Jésus de leur permettre d'entrer dans ces pourceaux. Il le leur permit.*** Les démons sortirent de cet homme, entrèrent dans les pourceaux, et ***le troupeau se précipita des pentes escarpées dans le lac, et se noya.*** Ceux qui les faisaient paître s'enfuirent, et allèrent dans la ville raconter tout ce qui s'était passé et ce qui était arrivé aux démoniaques. Alors toute la ville sortit à la rencontre de Jésus ; et, ils vinrent auprès de Jésus, et ils virent les démoniaques, assises, vêtus, et dans leurs bons sens ; et ils furent saisis de frayeur. Ceux qui avaient vu ce qui s'était passé leur racontèrent ce qui était arrivé aux démoniaques et aux pourceaux. Alors ils se mirent à supplier Jésus de quitter leur territoire. Comme il montait dans la barque, les démoniaques lui demandaient la permission de rester avec lui. Jésus ne leurs permit pas, mais il leurs dit : allez dans vos maisons, vers les tiens, et racontez-les tout ce que le Seigneur vous a fait, et comment il a eu pitié de vous. Ils s'en allèrent, et se mirent à publier dans la Décapole tout ce que Jésus avait fait pour eux. Et tous furent dans l'étonnement.

92- L'IMPORTANCE DE LA PURETÉ

Jésus se mit à leurs enseigner au sujet du retour offensif des esprits impurs. Il leurs dit : lorsque l'esprit impur est sorti d'un homme, il va dans des lieux arides, pour chercher du repos. N'en trouvant point. Alors il dit : je retournerai dans ma maison d'où je suis sorti ; et, quand il arrive, il la trouve vide, balayée et ornée. Il s'en va, et il prend avec lui sept autres esprits plus méchants que lui ; ils entrent dans la maison, s'y établissent, et la dernière condition de cet homme est pire que la première.

93- LE ROYAUME DES CIEUX

- LE SEMEUR

Ce même jour, une grande foule s'étant assemblée auprès de lui, il monta dans une barque, et il s'assit. Toute la foule se tenait sur le rivage et venu de diverses villes. Les douze étaient avec lui et quelques femmes qui avaient été guéries d'esprits malins et de maladies : Marie, dite de Magdala, de laquelle étaient sortis sept démons, Jeanne, femme de Chuza, intendant d'Hérode, Susanne, et plusieurs autres, qui l'assistaient de leurs biens. Il leur parla en paraboles sur beaucoup de choses, et il dit : écoutez ! Un semeur sortit pour semer. Comme il semait, une partie de la semence tomba le long du chemin : elle fut foulée aux pieds, et les oiseaux vinrent, et la mangèrent. Une autre partie tomba dans les endroits pierreux, où elle n'avait pas beaucoup de terre ; elle leva aussitôt, mais, quand le soleil parut, elle fut brûlée et sécha, faute de racines parce qu'elle ne trouva pas un sol profond. Une autre partie tomba parmi les épines : les épines croissaient avec elle, et l'étouffèrent. Une autre partie tomba dans la bonne terre : quand elle fut levée, elle donna du fruit au centuple. Un grain donnait cent, un autre soixante, et un autre trente. Après avoir ainsi parlé, Jésus dit à haute voix : que celui qui a des oreilles pour entendre entende ! Lorsqu'il fut terminé en particulier, ceux qui l'entouraient avec les douze l'interrogèrent sur la parabole qu'il venait de dire. Il répondit : à vous, il vous a été donné de connaître les mystères du royaume de Dieu ; mais pour les autres, cela leur est dit en paraboles *car le cœur de ce peuple est devenu insensible, afin qu'en voyant ils ne voient point, et qu'en entendant ils ne comprennent point, de peur qu'ils ne se convertissent, et que les péchés ne leur soient pardonnés* **(Esaïe 6 :8-10).** ***Car on donnera à celui qui a, et il sera dans l'abondance, mais à celui qui n'a pas on ôtera même ce qu'il a.*** Mais heureux sont vos yeux, parce qu'ils voient, et vos oreilles, parce qu'elles entendent ! Je vous le dis en vérité, beaucoup de prophètes et de justes ont désiré voir ce que vous voyez, et ne l'ont pas vu, entendre ce que vous entendez, et ne l'ont pas entendu.

SIGNIFICATION

Vous donc, écoutez ce que signifie la parabole du semeur. Ce que le semeur sème c'est la parole. Les uns sont tombés le long du chemin, où la parole est semée ; quand ils l'ont entendue, le diable vient, et enlève de leur cœur la parole, de peur qu'ils ne croient et soient sauvés. Les autres, pareillement, reçoivent la semence dans les endroits pierreux ; quand ils entendent la parole, ils la reçoivent d'abord avec joie et ils croient pour un temps ; mais ils n'ont pas de racine en eux-mêmes, ils manquent de persistance, et, dès que survient une tribulation ou une persécution à cause de la parole, ils y trouvent une cause de chute. D'autres reçoivent la semence parmi les épines ; ce sont ceux qui entendent la parole, mais en qui les soucis du siècle, la séduction des richesses et l'invasion des autres convoitises, étouffent la parole, et la rendent infructueuse, et ils ne portent point de fruit qui vienne à maturité. Ce qui est tombé dans la bonne terre, ce sont ceux qui, ayant entendu la parole avec un cœur honnête et bon, la retiennent, la comprend, et portent du fruit avec persévérance.

- **AUTRE PARABOLE**

Il dit encore : il en est du royaume de Dieu, comme quand un homme jette de la semence en terre ; qu'il dorme ou qu'il veille, nuit et jour, la semence germe et croît sans qu'il sache comment. La terre produit d'elle-même, d'abord l'herbe, puis l'épi, puis le grain tout formé dans l'épi ; et, dès que le fruit est mûr, on y met la faucille, car la moisson est là.

- **GRAINE DE MOUTARDE**

Il dit encore : à quoi le royaume de Dieu est-il semblable, et à quoi le comparerai-je ? Il est semblable à un grain de sénevé *(graine de moutarde),* qu'un homme a pris et jeté dans son jardin, mais, lorsqu'il a été semé, il monte, devient plus grand que toutes les semences qui sont sur la terre, et pousse de grandes branches, en sorte que les oiseaux du ciel peuvent habiter sous son ombre. Cependant c'est la plus petite de tous les légumes.

- **LE LEVAIN**

Il leur dit cette autre parabole : le royaume des cieux est semblable à du levain qu'une femme a pris et mis dans trois mesures de farine, pour faire lever toute la pâte.

- **LE TRÉSOR ET LA PERLE**

Le royaume des cieux est encore semblable à un trésor caché dans un champ. L'homme qui l'a trouvé le cache ; et, dans sa joie, il va vendre tout ce qu'il a, et achète ce champ. Le royaume des cieux est encore semblable à un marchand qui cherche de belles perles. Il a trouvé une perle de grand prix ; et il est allé vendre tout ce qu'il avait, et l'a achetée.

- **LE FILET**

Le royaume des cieux est encore semblable à un filet jeté dans la mer et ramassant des poissons de toute espèce. Quand il est rempli, les pêcheurs le tirent ; et, après s'être assis sur le rivage, ils mettent dans des vases ce qui est bon, et ils jettent ce qui est mauvais. Il en sera de même à la fin du monde. Les anges viendront séparer les méchants d'avec les justes, et ils les jetteront dans la fournaise ardente, où il y aura des pleurs et des grincements de dents.

- **LES DIX VIERGES**

Alors le royaume des cieux sera semblable à dix vierges qui, ayant pris leurs lampes, allèrent à la rencontre de l'époux. Cinq d'entre elles étaient folles, et cinq sages. Les folles *(non prévoyantes),* en prenant leurs lampes, ne prirent point d'huile en réserve avec elles ; mais les sages prirent, avec leurs lampes, de l'huile dans des vases. Comme l'époux tardait, toutes s'assoupirent et s'endormirent. Au milieu de la nuit, on cria : voici l'époux, allez à sa rencontre ! Alors toutes ces vierges se réveillèrent, et préparèrent leurs lampes. ***Les folles dirent aux sages : donnez-nous de votre huile, car nos lampes s'éteignent. Les sages répondirent : non ; il n'y en aurait pas assez pour nous et pour vous*** ; allez plutôt chez ceux qui en vendent, et achetez-en pour vous. Pendant qu'elles allaient en acheter, l'époux arriva ; celles qui étaient prêtes entrèrent avec lui dans la salle des noces, et la porte fut fermée. Plus tard, les autres vierges vinrent, et dirent : Seigneur, Seigneur, ouvre-nous. Mais il répondit : je vous le dis en vérité, je ne vous connais pas. Veillez donc, puisque vous ne savez ni le jour, ni l'heure.

- **PARABOLE DES TALENTS**

Ils écoutaient ces choses, et Jésus ajouta une parabole, parce qu'il était près de Jérusalem, et qu'on croyait qu'à l'instant le royaume de Dieu allait paraître. Il dit donc : un homme de haute naissance s'en alla dans un pays lointain, pour se faire investir de l'autorité royale, et revenir ensuite. Mais ses concitoyens le haïssaient, et ils envoyèrent une ambassade après lui, pour dire : nous ne voulons pas que cet homme règne sur nous. Il appela dix de ses serviteurs, leur donna des mines, selon la capacité de chacun ; il donna dix talents à l'un, cinq à l'autre, et deux au troisième. Ensuite, leur dit : faites-les valoir jusqu'à ce que je revienne. Aussitôt celui qui avait reçu les dix talents s'en alla, les fit valoir, et il gagna dix autres talents. De même, celui qui avait reçu les cinq talents en gagna cinq autres. Celui qui n'en avait reçu que deux talents alla faire un creux dans la terre, et cacha l'argent de son maître. Longtemps après, lorsqu'il fut de retour, après avoir été investi de l'autorité royale, il fit appeler auprès de lui les serviteurs auxquels il avait donné l'argent, afin de connaître comment chacun l'avait fait valoir. Le premier vint, et dit : Seigneur, ta mine a rapporté dix mines. Il lui dit : c'est bien ; tu as été fidèle en peu de chose, je te confierai beaucoup ; entre dans la joie de ton maître, reçois le gouvernement de dix villes. Le second vint, et dit : Seigneur, ta mine a produit cinq mines. Il lui dit : toi aussi, tu as été fidèle en peu de chose, je te confierai beaucoup entre dans la joie de ton maître ; sois établi sur cinq villes. Le troisième vint, et dit : Seigneur, voici ta mine, que j'ai gardée dans un linge ; car j'avais peur de toi, parce que tu es un homme sévère ; tu prends ce que tu n'as pas déposé, et tu moissonnes ce que tu n'as pas semé et tu amasses ce que tu n'as pas vanné. ***J'ai eu peur, et je***

suis allé cacher ton talent dans la terre ; voici, prends ce qui est à toi. Il lui dit : je te juge sur tes paroles, méchant serviteur et paresseux ; tu savais que je suis un homme sévère, prenant ce que je n'ai pas déposé, et moissonnant ce que je n'ai pas semé ; pourquoi donc n'as-tu pas mis mon argent dans une banque, afin qu'à mon retour je le retirasse avec un intérêt ? Puis il dit à ceux qui étaient là : ***ôtez-lui la mine, et donnez-la à celui qui a les dix mines. Ils lui dirent : Seigneur, il a déjà dix mines. Je vous le dis, on donnera à celui qui a, mais à celui qui n'a pas on ôtera même ce qu'il a.*** Au reste, amenez ici mes ennemis, qui n'ont pas voulu que je règne sur eux, jetez-les dans les ténèbres du dehors ; là il y aura des pleurs et des grincements de dents et tuez-les en ma présence.

- **LE FESTIN NUPTIAL**

Le royaume des cieux est semblable à un roi qui fit des noces pour son fils. Il organisa un grand festin, et il invita beaucoup de gens. A l'heure du repas, il envoya ses serviteurs appeler ceux qui étaient invités aux noces ; mais ils ne voulurent pas venir. Il envoya encore d'autres serviteurs, en disant : dites aux conviés : voici, j'ai préparé mon festin ; mes bœufs et mes bêtes grasses sont tués, venez, car tout est déjà prêt. Mais tous unanimement se mirent à s'excuser. ***Le premier lui dit : j'ai acheté un champ, et je suis obligé d'aller le voir ; excuse-moi, je te prie. Un autre dit : j'ai acheté cinq paires de bœufs, et je vais les essayer ; excuse-moi, je te prie. Un autre dit : je viens de me marier, et c'est pourquoi je ne puis venir.*** Et d'autres se saisirent des serviteurs, les outragèrent et les tuèrent. Les serviteurs, de retour, rapportèrent ces choses à leur roi. Le roi fut irrité ; il envoya ses troupes, faire périr ces meurtriers, et brûla leur ville. Alors il dit à ses serviteurs : les noces sont prêtes ; mais les conviés n'en étaient pas dignes. Allez donc dans les carrefours, et appelez aux noces tous ceux que vous trouverez dans les places et dans les rues de la ville, à savoir les pauvres, les estropiés, les aveugles et les boiteux et amenez- les ici. Les serviteurs firent ce que leurs a dit le roi. Et dit : mon roi, ce que tu as ordonné a été fait, et il y a encore de la place. Et le maître dit au serviteur : ***va dans les chemins et le long des haies, et ceux que tu trouveras, contrains-les d'entrer, afin que ma maison soit remplie.*** Ces serviteurs allèrent dans les chemins, rassemblèrent tous ceux qu'ils trouvèrent, méchants et bons, et la salle des noces fut pleine de convives. ***Le roi entra pour voir ceux qui étaient à table, et il aperçut là un homme qui n'avait pas revêtu un habit de noces. Il lui dit : mon ami, comment es-tu entré ici sans avoir un habit de noces ? Cet homme eut la bouche fermée. Alors le roi dit aux serviteurs : liez-lui les pieds et les mains, et jetez-le dans les ténèbres du dehors, où il y aura des pleurs et des grincements de dents. Je vous le dis, aucun de ces hommes qui avaient été invités ne goûtera de mon souper. Car, beaucoup sont appelés, mais peu seront élus. Un de ceux qui étaient à table, après avoir entendu ces paroles, dit à Jésus : heureux celui qui prendra son repas dans le royaume de Dieu !***

- **LES OUVRIERS DE LA ONZIÈME HEURE**

Car le royaume des cieux est semblable à un maître de maison qui sortit dès le matin, afin de louer des ouvriers pour sa vigne. Il convainc avec eux d'un denier par jour, et il les envoya à sa vigne. Il sortit vers la troisième heure, et il en vit d'autres qui étaient sur la place sans rien faire. Il leur dit : allez aussi à ma vigne, et je vous donnerai ce qui sera raisonnable. Et ils y allèrent. Il sortit de nouveau vers la sixième heure et vers la neuvième, et il fit de même. Étant sorti vers la onzième heure, il en trouva d'autres qui étaient sur la place, et il leur dit : pourquoi vous tenez-vous ici toute la journée sans rien faire ? Ils lui répondirent : c'est que personne ne nous a loués. Allez aussi à ma vigne, leur dit-il. Quand le soir fut venu, le maître de la vigne dit à son intendant : appelle les ouvriers, et paie-leur le salaire, en allant des derniers aux premiers. ***Ceux de la onzième heure vinrent, et reçurent chacun un denier. Les premiers***

vinrent ensuite, croyant recevoir davantage ; mais ils reçurent aussi chacun un denier. En le recevant, ils murmurèrent contre le maître de la maison, et dirent : ces derniers n'ont travaillé qu'une heure, et tu les traites à l'égal de nous, qui avons supporté la fatigue du jour et la chaleur. Il répondit à l'un d'eux : mon ami, je ne te fais pas tort ; n'es-tu pas convenu avec moi d'un denier ? Prends ce qui te revient, et va-t'en. Je veux donner à ce dernier autant qu'à toi. Ne m'est-il pas permis de faire de mon bien ce que je veux ? Ou vois-tu de mauvais œil que je sois bon ? Ainsi les derniers seront les premiers, et les premiers seront les derniers.

- **L'IVRAIE**

Il leur proposa une autre parabole, et il dit : le royaume des cieux est semblable à un homme qui a semé une bonne semence dans son champ. Mais, pendant que les gens dormaient, son ennemi vint, sema de l'ivraie parmi le blé, et s'en alla. Lorsque l'herbe eut poussé et donné du fruit, l'ivraie parut aussi. Les serviteurs du maître de la maison vinrent lui dire : Seigneur, n'as-tu pas semé une bonne semence dans ton champ ? D'où vient donc qu'il y a de l'ivraie ? Il leur répondit : c'est un ennemi qui a fait cela. Et les serviteurs lui dirent : veux-tu que nous allions l'arracher ? Non, dit-il, de peur qu'en arrachant l'ivraie, vous ne déraciniez en même temps le blé. Laissez croître ensemble l'un et l'autre jusqu'à la moisson, et, à l'époque de la moisson, je dirai aux moissonneurs : arrachez d'abord l'ivraie, et liez-la en gerbes pour la brûler, mais amassez le blé dans mon grenier. Jésus dit à la foule toutes ces choses en paraboles, et il ne lui parlait point sans parabole, afin que s'accomplît ce qui avait été annoncé par le prophète **(Psaume 78 :2-4)** *: j'ouvrirai ma bouche en paraboles, je publierai des choses cachées depuis la création du monde.* Alors il renvoya la foule, et entra dans la maison. Ses disciples s'approchèrent de lui, et dirent : explique-nous la parabole de l'ivraie du champ.

EXPLICATION DE L'IVRAIE

Il répondit : celui qui sème la bonne semence, c'est le Fils de l'homme ; le champ, c'est le monde ; la bonne semence, ce sont les fils du royaume ; l'ivraie, ce sont les fils du malin ; l'ennemi qui l'a semée, c'est le diable ; la moisson, c'est la fin du monde ; les moissonneurs, ce sont les anges. Or, comme on arrache l'ivraie et qu'on la jette au feu, il en sera de même à la fin du monde. Le Fils de l'homme enverra ses anges, qui arracheront de son royaume tous les scandales et ceux qui commettent l'iniquité : et ils les jetteront dans la fournaise ardente, où il y aura des pleurs et des grincements de dents. Alors les justes resplendiront comme le soleil dans le royaume de leur Père. Que celui qui a des oreilles pour entendre entende. C'est par beaucoup de paraboles de ce genre qu'il leur annonçait la parole, selon qu'ils étaient capables de l'entendre. Il ne leur parlait point sans parabole ; mais, en particulier, il expliquait tout à ses disciples. Avez-vous compris toutes ces choses ? Oui, répondirent-ils. Et il leur dit : c'est pourquoi, tout scribe instruit de ce qui regarde le royaume des cieux est semblable à un maître de maison qui tire de son trésor des choses nouvelles et des choses anciennes. Lorsque Jésus eut achevé ces paraboles, il partit de là. Mais il y eut un homme d'entre les pharisiens, nommé Nicodème, un chef des Juifs, qui vint, auprès de Jésus, de nuit, et lui dit : rabbi, nous savons que tu es un docteur venu de Dieu ; car personne ne peut faire ces miracles que tu fais, si Dieu n'est avec lui. Jésus lui répondit : en vérité, en vérité, je te le dis, si un homme ne naît de nouveau, il ne peut voir le royaume de Dieu. Nicodème lui dit : comment un homme peut-il naître quand il est vieux ? Peut-il rentrer dans le sein de sa mère et naître ? ***Jésus répondit : en vérité, en vérité, je te le dis, si un homme ne naît d'eau et d'Esprit, il ne peut entrer dans le royaume de Dieu. Ce qui est né de la chair est chair, et ce qui est né de l'Esprit est Esprit. Ne t'étonne pas que je t'aie dit : il faut que vous naissiez de nouveau. Le vent souffle où il veut,***

et tu en entends le bruit ; mais tu ne sais d'où il vient, ni où il va. Il en est ainsi de tout homme qui est né de l'Esprit. Nicodème lui dit : comment cela peut-il se faire ? Jésus lui répondit : tu es le docteur d'Israël, et tu ne sais pas ces choses ! En vérité, en vérité, je te le dis, nous disons ce que nous savons, et nous rendons témoignage de ce que nous avons vu ; et vous ne recevez pas notre témoignage. Si vous ne croyez pas quand je vous ai parlé des choses terrestres, comment croirez-vous quand je vous parlerai des choses célestes ? Personne n'est monté au ciel, si ce n'est celui qui est descendu du ciel, le Fils de l'homme qui est dans le ciel. Et comme Moïse *éleva le serpent dans le désert* **(Nombre 21 :9)**, ***il faut de même que le Fils de l'homme soit élevé, afin que quiconque croit en lui ait la vie éternelle. Car Dieu a tant aimé le monde qu'il a donné son Fils unique, afin que quiconque croit en lui ne périsse point, mais qu'il ait la vie éternelle. Dieu, en effet, n'a pas envoyé son Fils dans le monde pour qu'il juge le monde, mais pour que le monde soit sauvé par lui. Celui qui croit en lui n'est point juger ; mais celui qui ne croit pas est déjà jugé, parce qu'il n'a pas cru au nom du Fils unique de Dieu. Et ce jugement c'est que, la lumière étant venue dans le monde, les hommes ont préféré les ténèbres à la lumière, parce que leurs œuvres étaient mauvaises. Car quiconque fait le mal hait la lumière, et ne vient point à la lumière, de peur que ses œuvres ne soient dévoilées ; mais celui qui agit selon la vérité vient à la lumière, afin que ses œuvres soient manifestées, parce qu'elles sont faites en Dieu.***

94- COMMENT SUIVRE JÉSUS ?

Lorsque le temps où il devait être enlevé du monde approcha, Jésus prit la résolution de se rendre à Jérusalem. ***Il envoya devant lui des messagers, qui se mirent en route et entrèrent dans un bourg des Samaritains, pour lui préparer un logement. Mais on ne le reçut pas, parce qu'il se dirigeait sur Jérusalem. Les disciples Jacques et Jean, voyant cela, dirent : Seigneur, veux-tu que nous commandions que le feu descende du ciel et les consume ? Jésus se tourna vers eux, et les réprimanda, disant : vous ne savez de quel esprit vous êtes animés. Car le Fils de l'homme est venu, non pour perdre les âmes des hommes, mais pour les sauver.*** Et ils allèrent dans un autre bourg. Pendant qu'ils étaient en chemin, ***Pierre, prenant alors la parole, lui dit : voici, nous avons tout quitté, et nous t'avons suivi ; qu'en sera-t-il pour nous ? Jésus répondit : je vous le dis en vérité, il n'est personne qui, ayant quitté, à cause de moi et à cause de la bonne nouvelle, sa maison, ou ses frères, ou ses sœurs, ou sa mère, ou son père, ou ses enfants, ou ses terres, ne reçoive au centuple, présentement dans ce siècle-ci, des maisons, des frères, des sœurs, des mères, des enfants, et des terres, avec des persécutions, et, dans le siècle à venir, la vie éternelle.*** Et quand le Fils de l'homme, au renouvellement de toutes choses, sera assis sur le trône de sa gloire, vous qui m'avez suivi, vous serez de même assis sur douze trônes, et vous jugerez les douze tribus d'Israël. Plusieurs des premiers seront les derniers, et plusieurs des derniers seront les premiers. De grandes foules faisaient route avec Jésus. Il se retourna, et leur dit : si quelqu'un vient à moi, et s'il ne hait pas son père, sa mère, sa femme, ses enfants, ses frères, et ses sœurs, et même à sa propre vie, il ne peut être mon disciple. ***Et quiconque ne porte pas sa croix, et ne me suis pas, ne peut être mon disciple. Car, lequel de vous, s'il veut bâtir une tour, ne s'assied d'abord pour calculer la dépense et voir s'il a de quoi la terminer, de peur qu'après avoir posé les fondements, il ne puisse l'achever, et que tous ceux qui le verront ne se mettent à le railler, en disant : cet homme a commencé à bâtir, et il n'a pu achever ?*** Ou quel roi, s'il va faire la guerre à un autre roi, ne s'assied d'abord pour examiner s'il peut, avec dix mille hommes, marcher à la rencontre de celui qui vient l'attaquer avec vingt mille ? S'il ne le peut, tandis que cet autre roi est encore loin, il lui envoie une ambassade pour demander la paix. Ainsi donc, quiconque d'entre vous ne renonce pas à tout ce qu'il possède ne peut être mon disciple. Un scribe s'approcha, et lui dit : maître, je te suivrai partout où tu iras. Jésus lui répondit : les renards ont des tanières, et les oiseaux du ciel ont des nids : mais le Fils de l'homme n'a pas un lieu où il puisse reposer sa tête. Jésus dit à un autre d'entre les disciples : suis-moi. Il lui dit : Seigneur, permets-moi d'aller d'abord ensevelir mon père. Mais Jésus lui répondit : ***suis-moi, et laisse les morts ensevelir leurs morts.*** Puis, ayant ainsi parlé, il appela la foule avec ses disciples, il leur dit : quiconque met la main à la charrue *(instrument pour labourer la terre),* et regarde en arrière, n'est pas propre au royaume de Dieu. ***Si quelqu'un veut venir après moi, qu'il renonce à lui-même, qu'il se charge de sa croix, et qu'il me suive. Car celui qui voudra sauver sa vie la perdra, mais celui qui la perdra à cause de moi la trouvera. Et que servirait-il à un homme de gagner tout le monde, s'il perdait son âme ? Ou, que donnerait un homme en échange de son âme ?*** Le Fils de l'homme doit venir dans la gloire de son Père, avec ses anges ; et alors il rendra à chacun selon ses œuvres. ***Car quiconque aura honte de moi et de mes paroles, le Fils de l'homme aura honte de lui, quand il viendra dans sa gloire, et dans celle du Père et des saints anges.*** Il leur dit encore : je vous le dis en vérité, quelques-uns de ceux qui sont ici ne mourront point, qu'ils n'aient vu le royaume de Dieu venir avec puissance ; le Fils de l'homme venir dans sa gloire.

95- LES VRAIS PARENTS DE JÉSUS

Comme Jésus s'adressait encore à la foule, voici, sa mère et ses frères, qui étaient dehors, cherchèrent à lui parler. Quelqu'un lui dit : voici, ta mère et tes frères sont dehors, et ils cherchent à te parler. Mais Jésus répondit à celui qui le lui disait : qui est ma mère, et qui sont mes frères ? Puis, étendant la main sur ses disciples, ***il dit : voici ma mère et mes frères. Car, quiconque fait la volonté de mon Père qui est dans les cieux, celui-là est mon frère, et ma sœur, et ma mère.*** Tandis que Jésus parlait ainsi, une femme, élevant la voix du milieu de la foule, lui dit : ***heureux le sein qui t'a porté ! Heureuses les mamelles qui t'ont allaité ! Et il répondit : heureux plutôt ceux qui écoutent la parole de Dieu, et qui la gardent !***

96- LES TRADITIONS JUIVES

Les pharisiens et quelques scribes, venus de Jérusalem, s'assemblèrent auprès de Jésus. Ils virent quelques-uns de ses disciples prendre leurs repas avec des mains impures, c'est-à-dire, avec des mains non lavées. Or, les pharisiens et tous les Juifs ne mangent pas sans s'être lavé soigneusement les mains, conformément à la tradition des anciens ; et, quand ils reviennent de la place publique, ils ne mangent qu'après s'être purifiés. Ils ont encore beaucoup d'autres observances traditionnelles, comme le lavage des coupes, des cruches et des vases d'airain. Et ils lui demandèrent : pourquoi tes disciples ne suivent-ils pas la tradition des anciens, mais prennent-ils leurs repas avec des mains impures ? Il leur répondit : et vous, pourquoi transgressez-vous le commandement de Dieu au profit de votre tradition ? Dieu à travers la loi de Moïse a dit **(Deutéronome 5 :16)** : honore ton père et ta mère ; et : celui qui maudira son père ou sa mère sera puni de mort. Mais vous, vous dites : ***si un homme dit à son père ou à sa mère : ce dont j'aurais pu t'assister est corban, c'est-à-dire, une offrande à Dieu, vous ne le laissez plus rien faire pour son père ou pour sa mère, annulant ainsi la parole de Dieu par votre tradition, que vous avez établie.*** Et vous faites beaucoup d'autres choses semblables. Hypocrites, Esaïe a bien prophétisé sur vous, quand il a dit **(Esaïe 29 :13)** : *ce peuple m'honore des lèvres, mais son cœur est éloigné de moi. C'est en vain qu'ils m'honorent, en enseignant des préceptes qui sont des commandements d'hommes.* Ayant appelé à lui la foule, il lui dit : écoutez, et comprenez. ***Ce n'est pas ce qui entre dans la bouche qui souille l'homme ; mais ce qui sort de la bouche, c'est ce qui souille l'homme.*** Si quelqu'un a des oreilles pour entendre, qu'il entende. Alors ses disciples s'approchèrent, et lui dirent : sais-tu que les pharisiens ont été scandalisés des paroles qu'ils ont entendues ? Il répondit : toute plante que n'a pas plantée mon

Père céleste sera déracinée. Laissez-les : ce sont des aveugles qui conduisent des aveugles ; si un aveugle conduit un aveugle, ils tomberont tous deux dans une fosse. Lorsqu'il fut entré dans la maison, loin de la foule, ses disciples l'interrogèrent sur cette parabole. Il leur dit : vous aussi, êtes-vous donc sans intelligence ? ***Ne comprenez-vous pas que rien de ce qui du dehors entre dans l'homme ne peut le souiller ? Car cela n'entre pas dans son cœur, mais dans son ventre, puis s'en va dans les lieux secrets, qui purifient tous les aliments. Il dit encore : ce qui sort de l'homme, c'est ce qui souille l'homme. Car c'est du dedans, c'est du cœur des hommes, que sortent les mauvaises pensées, les adultères, les impudicités, les meurtres, les vols, les cupidités, les méchancetés, la fraude, le dérèglement, le regard envieux, la calomnie, l'orgueil, la folie. Voilà les choses qui souillent l'homme ; mais manger sans s'être lavé les mains, cela ne souille point l'homme.***

97- JESUS ET LA FEMME GRECQUE

Jésus, étant parti de là, s'en alla dans le territoire de Tyr et de Sidon. Il entra dans une maison, désirant que personne ne le sût ; mais il ne put rester caché. Car une femme, dont la fille était possédée d'un esprit impur, qui venait de ces contrées, entendit parler de lui, et elle criait : aie pitié de moi, Seigneur, Fils de David ! Ma fille est cruellement tourmentée par un démon. Il ne lui répondit pas un mot, et ses disciples s'approchèrent, et lui dirent avec insistance : renvoie-la, car elle crie derrière nous. Il répondit : je n'ai été envoyé qu'aux brebis perdues de la maison d'Israël. Cette femme était grecque, syro-phénicienne d'origine. Mais elle vint se prosterner devant lui, disant : Seigneur, secours-moi ! Chasse le démon hors de ma fille. Il répondit : laisse d'abord les enfants se rassasier, car il n'est pas bien de prendre le pain des enfants, et de le jeter aux petits chiens. Oui, Seigneur, dit-elle, mais les petits chiens mangent les miettes qui tombent de la table de leurs maîtres. Alors Jésus lui dit : femme, ta foi est grande à cause de cette parole, qu'il te soit fait comme tu veux, va, le démon est sorti de ta fille. Et, à l'heure même, sa fille fut guérie. Et, quand elle rentra dans sa maison, elle trouva l'enfant couchée sur le lit, le démon étant sorti.

98- LE MAITRE DU SABBAT

Il arriva, un jour de sabbat appelé second-premier, que Jésus traversait des champs de blé. Ses disciples, qui avaient faim, arrachaient des épis et les mangeaient, après les avoir froissés dans leurs mains. Les pharisiens, voyant cela, lui dirent : voici, tes disciples pourquoi font ce qu'il n'est pas permis de faire pendant le sabbat ? Jésus leur répondit : *n'avez-vous jamais lu ce que fit David, lorsqu'il fut dans la nécessité et qu'il eut faim, lui et ceux qui étaient avec lui ; comment il entra dans la maison de Dieu, du temps du souverain sacrificateur Abiathar, et mangea les pains de proposition, qu'il n'est permis qu'aux sacrificateurs seul de manger, et en donna même à ceux qui étaient avec lui* **(1Samuel 21 :6)** *!* Ou, n'avez-vous pas lu dans la loi que, *les jours de sabbat, les sacrificateurs violent le sabbat dans le temple, sans se rendre coupables* **(Néhémie 13 :17)** ? Or, je vous le dis, il y a ici quelque chose de plus grand que le temple. Puis il leur dit : ***le sabbat a été fait pour l'homme, et non l'homme pour le sabbat, si vous saviez ce que signifie : je prends plaisir à la miséricorde, et non aux sacrifices, vous n'auriez pas condamné des innocents. Car le Fils de l'homme est maître du sabbat.***

99- L'HOMME A LA MAIN PARALYSEE

Étant parti de là, Jésus entra dans la maison de l'un des chefs des pharisiens, pour prendre un repas. Et voici, un homme hydropique dont la main droite était sèche, était devant lui. Les scribes et les pharisiens observaient Jésus, pour voir s'il ferait une guérison le jour du sabbat : c'était afin d'avoir sujet de l'accuser. Mais il connaissait leurs pensées, et il dit à l'homme qui avait la main sèche : lève-toi, et tiens-toi là au milieu. Il se leva, et se tint debout. Jésus prit la parole, et dit aux docteurs de la loi et aux pharisiens : est-il permis, ou non, de faire une guérison le jour du sabbat ? De faire du bien ou de faire du mal ; de sauver une personne ou de la tuer ? Mais ils gardèrent le silence. Alors, promenant ses regards sur eux avec indignation, et en même temps affligé de l'endurcissement de leur cœur. Alors Jésus avança la main sur cet homme, le guérit, et le renvoya. Puis il leur dit : lequel de vous, si son fils ou son bœuf tombe dans un puits, ne l'en retirera pas aussitôt, le jour du sabbat ? Et ils ne purent rien répondre à cela.

100- LE BON COMPORTEMENT A UN FESTIN

Jésus en voyant qu'ils choisissaient les premières places lors du repas, il adressa ensuite un enseignement aux conviés en leur disant : lorsque tu seras invité par quelqu'un à des noces, ne te mets pas à la première place, de peur qu'il n'y ait parmi les invités une personne plus considérable que toi, et que celui qui vous a invités l'un et l'autre ne vienne te dire : cède la place à cette personne-là. Tu aurais alors la honte d'aller occuper la dernière place. Mais, lorsque tu seras invité, va te mettre à la dernière place, afin que, quand celui qui t'a invité viendra, il te dise : mon ami, monte plus haut. Alors cela te fera honneur devant tous ceux qui seront à table avec toi. Car quiconque s'élève sera abaissé, et quiconque s'abaisse sera élevé. Il dit aussi à celui qui l'avait invité : lorsque tu donnes à dîner ou à souper, n'invite pas tes amis, ni tes frères, ni tes parents, ni des voisins riches, de peur qu'ils ne t'invitent à leur tour et qu'on ne te rende la pareille. ***Mais, lorsque tu donnes un festin, invite des pauvres, des estropiés, des boiteux, des aveugles. Et tu seras heureux de ce qu'ils ne peuvent pas te rendre la pareille ; car elle te sera rendue à la résurrection des justes.*** Remplis de fureur les pharisiens, sortirent, et aussitôt ils se consultèrent avec les hérodiens sur les moyens de le faire périr. Mais Jésus, l'ayant su, s'éloigna de ce lieu et se retira vers la mer avec ses disciples. Une grande multitude le suivit de la Galilée ; et de la Judée, et de Jérusalem, et de l'Idumée, et d'au-delà du Jourdain, et des environs de Tyr et de Sidon, une grande multitude, apprenant tout ce qu'il faisait, vint à lui. Il guérit tous les malades, et il leur recommanda sévèrement de ne pas le faire connaître. Il chargea ses disciples de tenir toujours à sa disposition une petite barque, afin de ne pas être pressé par la foule. Car, comme il guérissait beaucoup de gens, tous ceux qui avaient des maladies se jetaient sur lui pour le toucher. Les esprits impurs, quand ils le voyaient, se prosternaient devant lui, et s'écriaient : tu es le Fils de Dieu. Mais il leur recommandait très sévèrement de ne pas le faire connaître. ***Et leurs disait, venez à moi, vous tous qui êtes fatigués et chargés, et je vous donnerai du repos. Prenez mon joug sur vous et recevez mes instructions, car je suis doux et humble de cœur ; et vous trouverez du repos pour vos âmes. Car mon joug est doux, et mon fardeau léger.***

101- LA FEMME POSSEDÉE DEPUIS DIX HUIT ANS

Jésus enseignait dans une des synagogues, le jour du sabbat. Et voici, il y avait là une femme possédée d'un esprit qui la rendait infirme depuis dix-huit ans ; elle était courbée, et ne pouvait pas du tout se redresser. Lorsqu'il la vit, Jésus lui adressa la parole, et lui dit : femme, tu es délivrée de ton infirmité. Et il lui imposa les mains. A l'instant elle se redressa, et glorifia Dieu. Mais le chef de la synagogue, indigné de ce que Jésus avait opéré cette guérison un jour de sabbat, dit à la foule : il y a six jours pour travailler ; venez donc vous faire guérir ces jours-là, et non pas le jour du sabbat. Hypocrites ! Lui répondit le Seigneur, est-ce que chacun de vous, le jour du sabbat, ne détache pas de la crèche son bœuf ou son âne, pour le mener boire ? Ou bien lequel d'entre vous, s'il n'a qu'une brebis et qu'elle tombe dans une fosse le jour du sabbat, ne la saisira pour l'en retirer. Un homme ne vaut-il pas plus qu'une brebis ? Et cette femme, qui est une fille d'Abraham, et que Satan tenait liée depuis dix-huit ans, ne fallait-il pas la délivrer de cette chaîne le jour du sabbat ? Tandis qu'il parlait ainsi, tous ses adversaires étaient confus, et la foule se réjouissait de toutes les choses glorieuses qu'il faisait.

102- LES PERDUS ET LES RETROUVÉS

- LA BREBIS RETROUVÉE

Tous les publicains et les gens de mauvaise vie s'approchaient de Jésus pour l'entendre. Et les pharisiens, et les scribes murmuraient, disant : cet homme accueille des gens de mauvaise vie, et mange avec eux. Mais il leur dit cette parabole : quel homme d'entre vous, s'il a cent brebis, et qu'il en perde une, ne laisse les quatre-vingt-dix-neuf autres dans le désert pour aller après celle qui est perdue, jusqu'à ce qu'il la retrouve ? Lorsqu'il l'a retrouvée, il la met avec joie sur ses épaules, et, de retour à la maison, il appelle ses amis et ses voisins, et leur dit : réjouissez-vous avec moi, car j'ai retrouvé ma brebis qui était perdue. De même, je vous le dis, il y aura plus de joie dans le ciel pour un seul pécheur qui se repent, que pour quatre-vingt-dix-neuf justes qui n'ont pas besoin de repentance.

- LA PIECE RETROUVÉE

Ou quelle femme, si elle a dix drachmes, et qu'elle en perde une, n'allume une lampe, ne balaie la maison, et ne cherche avec soin, jusqu'à ce qu'elle la retrouve ? Lorsqu'elle l'a retrouvée, elle appelle ses amies et ses voisines, et dit : réjouissez-vous avec moi, car j'ai retrouvé la drachme que j'avais perdue. De même, je vous le dis, il y a de la joie devant les anges de Dieu pour un seul pécheur qui se repent.

- L'ENFANT PRODIGUE

Il dit encore : un homme avait deux fils. Le plus jeune dit à son père : mon père, donne-moi la part de bien qui doit me revenir. Et le père leur partagea son bien. Peu de jours après, le plus jeune fils, ayant tout ramassé, partit pour un pays éloigné, où il dissipa son bien en vivant dans la débauche. Lorsqu'il eut tout dépensé, une grande famine survint dans ce pays, et il commença à se trouver dans le besoin. Il alla se mettre au service d'un des habitants du pays, qui l'envoya dans ses champs garder les pourceaux. Il aurait bien voulu se rassasier des carouges que mangeaient les pourceaux, mais personne ne lui en donnait. Étant rentré en lui-même, il se dit : combien de mercenaires chez mon père ont du pain en abondance, et moi, ici, je meurs de faim ! Je me lèverai, j'irai vers mon père, et je lui dirai : mon père, j'ai péché contre le ciel et contre toi, je ne suis plus digne d'être appelé ton fils ; traite-moi comme l'un de tes mercenaires. Et il se leva, et alla vers son père. Comme il était encore loin, son père le vit et fut ému de compassion, il courut se jeter à son cou et le baisa. Le fils lui dit : mon père, j'ai péché contre le ciel et contre toi, je ne suis plus digne d'être appelé ton fils. Mais le père dit à ses serviteurs : apportez vite la plus belle robe, et l'en revêtez ; mettez-lui un anneau au doigt, et des souliers aux pieds. Amenez le veau gras, et tuez-le. Mangeons et réjouissons-nous ; car mon fils que voici était mort, et il est revenu à la vie ; il était perdu, et il est retrouvé. Et ils commencèrent à se réjouir. Or, le fils aîné était dans les champs. Lorsqu'il revint et approcha de la maison, il entendit la musique et les danses. Il appela un des serviteurs, et lui demanda ce que c'était. Ce serviteur lui dit : ton frère est de retour, et, parce qu'il l'a retrouvé en bonne santé, ton père a tué le veau gras. Il se mit en colère, et ne voulut pas entrer. Son père sortit, et le pria d'entrer. Mais il répondit à son père : voici, il y a tant d'années que je te sers, sans avoir jamais transgressé tes ordres, et jamais tu ne m'as donné un chevreau pour que je me réjouisse avec mes amis. Et quand ton fils est arrivé, celui qui a mangé ton bien avec des prostituées, c'est pour lui que tu as tué le veau gras ! Mon enfant, lui dit le père, tu es toujours avec moi, et tout ce que j'ai est à toi ; mais il fallait bien s'égayer et se réjouir, parce que ton frère que voici était mort et qu'il est revenu à la vie, parce qu'il était perdu et qu'il est retrouvé.

103- DEMANDE DE SIGNE

Comme le peuple s'amassait en foule, quelques-uns des scribes et des pharisiens prirent la parole, et dirent : maître, nous voudrions te voir faire un miracle. Il leur répondit : une génération méchante et adultère demande un miracle ; il ne lui sera donné d'autre miracle que celui du prophète Jonas. Car, de même que Jonas fut trois jours et trois nuits dans le ventre d'un grand poisson **(Jonas 1 :17),** de même le Fils de l'homme sera trois jours et trois nuits dans le sein de la terre. Les hommes de Ninive se lèveront, au jour du jugement, avec cette génération et la condamneront, parce qu'ils se repentirent à la prédication de Jonas ; et voici, il y a ici plus que Jonas. La reine du Midi se lèvera, au jour du jugement, avec cette génération et la condamnera, parce qu'elle vint des extrémités de la terre pour entendre la sagesse de Salomon, et voici, il y a ici plus que Salomon. Il dit encore aux foules : quand vous voyez un nuage se lever à l'occident, vous dites aussitôt : la pluie vient. Et il arrive ainsi. Et quand vous voyez souffler le vent du midi, vous dites : il fera chaud. Et cela arrive. Hypocrites ! Vous savez discerner l'aspect de la terre et du ciel ; comment ne discernez-vous pas ce temps-ci ? Et pourquoi ne discernez-vous pas de vous-mêmes ce qui est juste ?

104- CONVERTIR OU PÉRIR

En ce même temps, quelques personnes qui se trouvaient là racontaient à Jésus ce qui était arrivé à des Galiléens dont Pilate avait mêlé le sang avec celui de leurs sacrifices. Il leur répondit : ***croyez-vous que ces Galiléens fussent de plus grands pécheurs que tous les autres Galiléens, parce qu'ils ont souffert de la sorte ? Non, je vous le dis. Mais si vous ne vous repentez, vous périrez tous également. Ou bien, ces dix-huit personnes sur qui est tombée la tour de Siloé et qu'elle a tuées, croyez-vous qu'elles fussent plus coupables que tous les autres habitants de Jérusalem ? Non, je vous le dis. Mais si vous ne vous repentez, vous périrez tous également.*** Il dit aussi cette parabole : un homme avait un figuier planté dans sa vigne. Il vint pour y chercher du fruit, et il n'en trouva point. Alors il dit au vigneron : ***voilà trois ans que je viens chercher du fruit à ce figuier, et je n'en trouve point. Coupe-le : pourquoi occupe-t-il la terre inutilement ? Le vigneron lui répondit : Seigneur, laisse-le cette année encore ; je creuserai tout autour, et j'y mettrai du fumier. Peut-être à l'avenir donnera-t-il du fruit ; sinon, tu le couperas.***

105- GUERISON PRES DU LAC

Jésus quitta le territoire de Tyr, et revint par Sidon vers la mer de Galilée, en traversant le pays de la Décapole. Etant monté sur la montagne, il s'y assit. Alors s'approcha de lui une grande foule, ayant avec elle des boiteux, des aveugles, des muets, des estropiés, et beaucoup d'autres malades. On les mit à ses pieds, et il les guérit ; en sorte que la foule était dans l'admiration de voir que les muets parlaient, que les estropiés étaient guéris, que les boiteux marchaient, que les aveugles voyaient ; et elle glorifiait le Dieu d'Israël. ***On lui amena un sourd, qui avait de la difficulté à parler, et on le pria de lui imposer les mains. Il le prit à part loin de la foule, lui mit les doigts dans les oreilles, et lui toucha la langue avec sa propre salive ; puis, levant les yeux au ciel, il soupira, et dit : éphatha, c'est-à-dire, ouvre-toi. Aussitôt ses oreilles s'ouvrirent, sa langue se délia, et il parla très bien.*** Jésus leur recommanda de n'en parler à personne ; mais plus il le leur recommanda, plus ils le publièrent. Ils étaient dans le plus grand étonnement, et disaient : il fait tout à merveille ; même il fait entendre les sourds, et parler les muets.

106- JESUS NOURRIT 4000 HOMMES

En ces jours-là, une foule nombreuse s'étant de nouveau réunie et n'ayant pas de quoi manger, Jésus appela les disciples, et leur dit : je suis ému de compassion pour cette foule ; car voilà trois jours qu'ils sont près de moi, et ils n'ont rien à manger. Si je les renvoie chez eux à jeun, les forces leur manqueront en chemin ; car quelques-uns d'entre eux sont venus de loin. Ses disciples lui répondirent : comment pourrait-on les rassasier de pains, ici, dans un lieu désert ? Jésus leur demanda : combien avez-vous de pains ? Sept, répondirent-ils, et quelques petits poissons. Alors il fit asseoir la foule par terre, prit les sept pains et les poissons, et, après avoir rendu grâces, il les rompit et les donna à ses disciples, qui les distribuèrent à la foule. ***Tous mangèrent et furent rassasiés, et l'on emporta sept corbeilles pleines des morceaux qui restaient.*** Ceux qui avaient mangé étaient quatre mille hommes, sans les femmes et les enfants. Ensuite, il renvoya la foule, monta dans la barque, et se rendit dans la contrée de Magadan ou Dalmanutha appelé aujourd'hui Magdala pour passer sur l'autre bord. Les disciples avaient oublié de prendre des pains ; ils n'en avaient qu'un seul avec eux dans la barque. Jésus leur fit cette recommandation : gardez-vous avec soin du levain des pharisiens et du levain d'Hérode. Les disciples raisonnaient entre eux, et disaient : c'est parce que nous n'avons pas de pains. Jésus, l'ayant connu, leur dit : pourquoi raisonnez-vous sur ce que vous n'avez pas de pains ? Etes-vous encore sans intelligence, et ne comprenez-vous pas ? Avez-vous le cœur endurci ? Ayant des yeux, ne voyez-vous pas ? Ayant des oreilles, n'entendez-vous pas ? Et n'avez-vous point de mémoire ? Quand j'ai rompu les cinq pains pour les cinq mille hommes, combien de paniers pleins de morceaux avez-vous emportés ? Douze, lui répondirent-ils. Et quand j'ai rompu les sept pains pour les quatre mille hommes, combien de corbeilles pleines de morceaux avez-vous emportées ? Sept, répondirent-ils. Et il leur dit : ne comprenez-vous pas encore ? Comment ne comprenez-vous pas que ce n'est pas au sujet de pains que je vous ai parlé ? Gardez-vous du levain des pharisiens et des sadducéens. Alors ils comprirent que ce n'était pas du levain du pain qu'il avait dit de se garder, mais de l'enseignement des pharisiens et des sadducéens.

107- L'AVEUGLE A BETHSAÏDA

Ils se rendirent à Bethsaïda ; et ***on amena vers Jésus un aveugle, qu'on le pria de toucher. Il prit l'aveugle par la main, et le conduisit hors du village ; puis il lui mit de la salive sur les yeux, lui imposa les mains, et lui demanda s'il voyait quelque chose. Il regarda, et dit : j'aperçois les hommes, mais j'en vois comme des arbres, et qui marchent. Jésus lui mit de nouveau les mains sur les yeux ; et, quand l'aveugle regarda fixement, il fut guéri, et vit tout distinctement. Alors Jésus le renvoya dans sa maison, en disant : n'entre pas au village.***

108- LES DIX LEPREUX

Jésus, se rendant à Jérusalem, passait entre la Samarie et la Galilée. Comme il entrait dans un village, dix lépreux vinrent à sa rencontre. Se tenant à distance, ils élevèrent la voix, et dirent : Jésus, maître, aie pitié de nous ! Dès qu'il les eut vus, il leur dit : allez-vous montrer aux sacrificateurs. Et, pendant qu'ils y allaient, il arriva qu'ils fussent guéris. L'un d'eux, se voyant guéri, revint sur ses pas, glorifiant Dieu à haute voix. ***Il tomba sur sa face aux pieds de Jésus, et lui rendit grâces.*** C'était un Samaritain. Jésus, prenant la parole, dit ***: les dix n'ont-ils pas été guéris ? Et les neuf autres, où sont-ils ? Ne s'est-il trouvé que cet étranger pour revenir et donner gloire à Dieu ?*** Puis il lui dit : lève-toi, va ; ta foi t'a sauvé.

109- PIÈRRE RECONNAIT JESUS

Jésus s'en alla, avec ses disciples, dans les villages de Césarée de Philippe, et ***il leur posa en chemin cette question : qui dit-on que je suis ? Ils répondirent : Jean Baptiste ; les autres, Élie, les autres, l'un des prophètes. Et vous, leur demanda-t-il, qui dites-vous que je suis ? Pierre lui répondit : tu es le Christ le Fils du Dieu vivant.*** Jésus, reprenant la parole, lui dit : tu es heureux, Simon, fils de Jonas ; car ce ne sont pas la chair et le sang qui t'ont révélé cela, mais c'est mon Père qui est dans les cieux. ***Et moi, je te dis que tu es Pierre, et que sur cette pierre je bâtirai mon Église, et que les portes du séjour des morts ne prévaudront point contre elle. Je te donnerai les clefs du royaume des cieux : ce que tu lieras sur la terre sera lié dans les cieux, et ce que tu délieras sur la terre sera délié dans les cieux.*** Jésus leur recommanda sévèrement de ne dire cela de lui à personne qu'il était le Christ.

110- MARIE VERSE DU PARFUM SUR JÉSUS

Un pharisien du nom de Simon le lépreux pria Jésus de manger avec lui. Jésus entra dans la maison du pharisien, et se mit à table. Et voici, une femme pécheresse appelé Marie qui se trouvait dans la ville, ayant su qu'il était à table dans la maison du pharisien, apporta un vase d'albâtre qui renfermait un parfum de grand prix, et se tint derrière, aux pieds de Jésus. Elle pleurait ; et mouilla les pieds de ses larmes, puis les essuya avec ses cheveux, les baisa, et ayant rompu le vase, elle répandit le parfum sur la tête de Jésus. La maison fut remplie de l'odeur du parfum. Quelques-uns exprimèrent entre eux leur indignation : à quoi bon perdre ce parfum ? Un de ses disciples, Judas Iscariot, fils de Simon, celui qui devait le livrer, dit : pourquoi n'a-t-on pas vendu ce parfum trois cent deniers, pour les donner aux pauvres ? Il disait cela, non qu'il se mît en peine des pauvres, mais parce qu'il était voleur, et que, tenant la bourse, il prenait ce qu'on y mettait. Mais Jésus dit : laissez-la. Pourquoi lui faites-vous de la peine ? Elle a fait une bonne action à mon égard ; car vous avez toujours les pauvres avec vous, et vous pouvez leur faire du bien quand vous voulez, mais vous ne m'avez pas toujours. Elle a d'avance embaumé mon corps pour la sépulture. Je vous le dis en vérité, partout où cette bonne nouvelle sera prêchée, dans le monde entier, on racontera aussi en mémoire de cette femme ce qu'elle a fait. Le pharisien qui l'avait invité, voyant cela, dit en lui-même : si cet homme était prophète, il connaîtrait qui et de quelle espèce est la femme qui le touche, il connaîtrait que c'est une pécheresse. Jésus prit la parole, et dit : Simon, j'ai quelque chose à te dire. Maître, parle, répondit-il. Un créancier avait deux débiteurs : l'un devait cinq cents deniers, et l'autre cinquante. Comme ils n'avaient pas de quoi payer, il leur remit à tous deux leur dette. Lequel l'aimera le plus ? Simon répondit : celui, je pense, auquel il a le plus remis. Jésus lui dit : tu as bien jugé. Puis, se tournant vers la femme, il dit à Simon : vois-tu cette femme ? Je suis entré dans ta maison, et tu ne m'as point donné d'eau pour laver mes pieds ; mais elle, elle les a mouillés de ses larmes, et les a essuyés avec ses cheveux. Tu ne m'as point donné de baiser ; mais elle, depuis que je suis entré, elle n'a point cessé de me baiser les pieds. Tu n'as point versé d'huile sur ma tête ; mais elle, elle a versé du parfum sur ma tête. C'est pourquoi, je te le dis, ses nombreux péchés ont été pardonnés : car elle a beaucoup aimé. Mais celui à qui on pardonne peu aime peu. Et il dit à la femme : tes péchés sont pardonnés. Ceux qui étaient à table avec lui se mirent à dire en eux-mêmes : qui est celui-ci, qui pardonne même les péchés ? Mais Jésus dit à la femme : ta foi t'a sauvée, va en paix.

111- JUDAS PRÉVOIT VENDRE JÉSUS

Alors l'un des douze, appelé Judas Iscariot, alla vers les principaux sacrificateurs, et dit : que voulez-vous me donner, et je vous le livrerai ? Après l'avoir entendu, ils furent dans la joie, et promirent de lui donner de l'argent.

112- L'AVEUGLE DE NAISSANCE

Jésus vit, en passant, un homme aveugle de naissance. Ses disciples lui firent cette question : rabbi, qui a péché, cet homme ou ses parents, pour qu'il soit né aveugle ? Jésus répondit : ce n'est pas que lui ou ses parents aient péché ; mais c'est afin que les œuvres de Dieu soient manifestées en lui. Il faut que je fasse, tandis qu'il est jour, les œuvres de celui qui m'a envoyé ; la nuit vient, où personne ne peut travailler. Pendant que je suis dans le

monde, je suis la lumière du monde. Après avoir dit cela, il cracha à terre, et fit de la boue avec sa salive. Puis il appliqua cette boue sur les yeux de l'aveugle, et lui dit : va, et lave-toi au réservoir de Siloé *(nom qui signifie envoyer).* Il y alla, se lava, et s'en retourna voyant clair. Ses voisins et ceux qui auparavant l'avaient connu comme un mendiant disaient : n'est-ce pas là celui qui se tenait assis et qui mendiait ? Les uns disaient : c'est lui. D'autres disaient : non, mais il lui ressemble. Et lui-même disait : c'est moi. Ils lui dirent donc : comment tes yeux ont-ils été ouverts ? Il répondit : l'homme qu'on appelle Jésus a fait de la boue, a oint mes yeux, et m'a dit : va au réservoir de Siloé, et lave-toi. J'y suis allé, je me suis lavé, et j'ai recouvré la vue. Ils lui dirent : où est cet homme ? Il répondit : je ne sais. Ils menèrent vers les pharisiens celui qui avait été aveugle. Or, c'était un jour de sabbat que Jésus avait fait de la boue, et lui avait ouvert les yeux. De nouveau, les pharisiens aussi lui demandèrent comment il avait retrouvé la vue. Et il leur dit : il a appliqué de la boue sur mes yeux, je me suis lavé, et je vois. Sur quoi quelques-uns des pharisiens dirent : cet homme ne vient pas de Dieu, car il n'observe pas le sabbat. D'autres dirent : comment un homme pécheur peut-il faire de tels miracles ? Et il y eut division parmi eux. Ils dirent encore à l'aveugle : toi, que dis-tu de lui, sur ce qu'il t'a ouvert les yeux ? Il répondit : c'est un prophète. Les Juifs ne crurent point qu'il eût été aveugle et qu'il eût recouvré la vue jusqu'à ce qu'ils eussent fait venir ses parents. Et ils les interrogèrent, disant : est-ce là votre fils, que vous dites être né aveugle ? Comment donc voit-il maintenant ? Ses parents répondirent : nous savons que c'est notre fils, et qu'il est né aveugle ; mais comment il voit maintenant, ou qui lui a ouvert les yeux, c'est ce que nous ne savons. Interrogez-le-lui- même, il a de l'âge, il parlera de ce qui le concerne. Ses parents dirent cela parce qu'ils craignaient les Juifs ; car les Juifs étaient déjà convenus que, si quelqu'un reconnaissait Jésus pour le Christ, il serait exclu de la synagogue. C'est pourquoi ses parents dirent : il a de l'âge, interrogez-le-lui-même. Les pharisiens appelèrent une seconde fois l'homme qui avait été aveugle, et ils lui dirent : donne gloire à Dieu ; nous savons que cet homme est un pécheur. Il répondit : s'il est un pécheur, je ne sais ; je sais une chose, c'est que j'étais aveugle et que maintenant je vois. Ils lui dirent : que t'a-t-il fait ? Comment t'a-t-il ouvert les yeux ? Il leur répondit : je vous l'ai déjà dit, et vous n'avez pas écouté ; pourquoi voulez-vous l'entendre encore ? Voulez- vous aussi devenir ses disciples ? Ils l'injurièrent et dirent : c'est toi qui es son disciple ; nous, nous sommes disciples de Moïse. Nous savons que Dieu a parlé à Moïse ; mais celui-ci, nous ne savons d'où il est. Cet homme leur répondit : il est étonnant que vous ne sachiez d'où il est ; et cependant il m'a ouvert les yeux. ***Nous savons que Dieu n'exauce point les pécheurs ; mais, si quelqu'un l'honore et fait sa volonté, c'est celui-là qu'il exauce. Jamais on n'a entendu dire que quelqu'un ait ouvert les yeux d'un aveugle-né. Si cet homme ne venait pas de Dieu, il ne pourrait rien faire.*** Ils lui répondirent : tu es né tout entier dans le péché, et tu nous enseignes ! Et ils le chassèrent. Jésus apprit qu'ils l'avaient chassé ; et, l'ayant rencontré, il lui dit : crois-tu au Fils de Dieu ? Il répondit : et qui est-il, Seigneur, afin que je croie en lui ? Tu l'as vu, lui dit Jésus, et celui qui te parle, c'est lui. Et il dit : je crois, Seigneur. Et il se prosterna devant lui. Puis Jésus dit : ***je suis venu dans ce monde pour un jugement, pour que ceux qui ne voient point voient, et que ceux qui voient deviennent aveugles.*** Quelques pharisiens qui étaient avec lui, ayant entendu ces paroles, lui dirent : nous aussi, sommes-nous aveugles ? Jésus leur répondit : ***si vous étiez aveugles, vous n'auriez pas de péché. Mais maintenant vous dites : nous voyons. C'est pour cela que votre péché subsiste.***

113- LE BON BERGER

En vérité, en vérité, je vous le dis, celui qui n'entre pas par la porte dans la bergerie, mais qui y monte par ailleurs, est un voleur et un brigand. Mais celui qui entre par la porte est le berger des brebis. ***Le portier lui ouvre, et les brebis entendent sa voix ; il appelle par leur nom les brebis qui lui appartiennent, et il les conduit dehors. Lorsqu'il a fait sortir toutes ses propres brebis, il marche devant elles ; et les brebis le suivent, parce qu'elles connaissent sa***

voix. Elles ne suivront point un étranger ; mais elles fuiront loin de lui, parce qu'elles ne connaissent pas la voix des étrangers. Jésus leur dit cette parabole, mais ils ne comprirent pas de quoi il leur parlait. Jésus leur dit encore : en vérité, en vérité, je vous le dis, ***je suis la porte des brebis. Tous ceux qui sont venus avant moi sont des voleurs et des brigands ; mais les brebis ne les ont point écoutés. Je suis la porte. Si quelqu'un entre par moi, il sera sauvé ; il entrera et il sortira, et il trouvera des pâturages. Le voleur ne vient que pour dérober, égorger et détruire ; moi, je suis venu afin que les brebis aient la vie, et qu'elles soient dans l'abondance. Je suis le bon berger. Le bon berger donne sa vie pour ses brebis. Mais le mercenaire, qui n'est pas le berger, et à qui n'appartiennent pas les brebis, voit venir le loup, abandonne les brebis, et prend la fuite ; et le loup les ravit et les disperse. Le mercenaire s'enfuit, parce qu'il est mercenaire, et qu'il ne se met point en peine des brebis. Je suis le bon berger. Je connais mes brebis, et elles me connaissent, comme le Père me connaît et comme je connais le Père ; et je donne ma vie pour mes brebis. J'ai encore d'autres brebis, qui ne sont pas de cette bergerie ; celles-là, il faut que je les amène ; elles entendront ma voix, et il y aura un seul troupeau, un seul berger.*** Le Père m'aime, parce que je donne ma vie, afin de la reprendre. Personne ne me l'ôte, mais je la donne de moi-même ; ***j'ai le pouvoir de la donner, et j'ai le pouvoir de la reprendre*** : tel est l'ordre que j'ai reçu de mon Père. Il y eut de nouveau, à cause de ces paroles, division parmi les Juifs. Plusieurs d'entre eux disaient : Il a un démon, il est fou ; pourquoi l'écoutez-vous ? D'autres disaient : ce ne sont pas les paroles d'un démoniaque ; un démon peut-il ouvrir les yeux des aveugles ?

114- HÉRODE PRÉVOIT TUER JÉSUS

Ce même jour, quelques pharisiens vinrent lui dire : va-t'en, pars d'ici, car Hérode veut te tuer. Il leur répondit : allez, et dites à ce renard : voici, je chasse les démons et je fais des guérisons aujourd'hui et demain, et le troisième jour j'aurai fini. Mais il faut que je marche aujourd'hui, demain, et le jour suivant ; car il ne convient pas qu'un prophète périsse hors de Jérusalem. Jérusalem, Jérusalem, qui tues les prophètes et qui lapides ceux qui te sont envoyés, combien de fois ai-je voulu rassembler tes enfants, comme une poule rassemble sa couvée sous ses ailes, et vous ne l'avez pas voulu ! Voici, votre maison vous sera laissée ; mais, je vous le dis, vous ne me verrez plus, jusqu'à ce que vous disiez : béni soit celui qui vient au nom du Seigneur !

115- PIÈRRE REPRIMANDE JESUS

Dès lors Jésus commença à faire connaître à ses disciples qu'il fallait qu'il allât à Jérusalem, qu'il souffrît beaucoup de la part des anciens, des principaux sacrificateurs et des scribes, qu'il fût mis à mort, et qu'il ressuscitât le troisième jour. Pierre, l'ayant pris à part, se mit à le reprendre, et dit : à Dieu ne plaise, Seigneur ! Cela ne t'arrivera pas. Mais Jésus, se retournant, dit à Pierre : arrière de moi, Satan ! Tu m'es en scandale ; car, tes pensées ne sont pas les pensées de Dieu, mais celles des hommes.

116- JÉSUS ANNONCE À NOUVEAU SA PASSION

Ils étaient en chemin pour monter à Jérusalem, et Jésus allait devant eux. Les disciples étaient troublés, et le suivaient avec crainte. Et Jésus prit de nouveau les douze auprès de lui, et commença à leur dire ce qui devait lui arriver : voici, nous montons à Jérusalem, et le Fils de l'homme sera livré aux principaux sacrificateurs et aux scribes. Ils le condamneront à mort, et ils le livreront aux païens, pour qu'ils se moquent de lui, le battent de verges, et le crucifient ; et le troisième jour il ressuscitera. Alors la mère des fils de Zébédée Jacques et Jean, s'approcha de Jésus, et se prosterna, pour lui faire une demande. Il lui dit : que voulez-vous que je fasse pour vous ? Ordonne, lui dit-elle, que mes deux fils, que voici, soient assis, dans ton royaume, l'un à ta droite et l'autre à ta gauche. Jésus répondit : vous ne savez ce que vous demandez.

Pouvez-vous boire la coupe que je dois boire ? Nous le pouvons, dirent-ils. Et Jésus leur répondit : il est vrai que vous boirez la coupe que je dois boire, et que vous serez baptisés du baptême dont je dois être baptisé ; mais pour ce qui est d'être assis à ma droite ou à ma gauche, cela ne dépend pas de moi, et ne sera donné qu'à ceux à qui cela est réservé. Les dix, ayant entendu cela, furent indignés contre les deux frères. Jésus les appela, et leur dit : vous savez que ceux qu'on regarde comme les chefs des nations les tyrannisent, et que les grands les dominent. Il n'en est pas de même au milieu de vous. Mais quiconque veut être grand parmi vous, qu'il soit votre serviteur ; et quiconque veut être le premier parmi vous, qu'il soit l'esclave de tous. Car le Fils de l'homme est venu, non pour être servi, mais pour servir et donner sa vie comme la rançon de plusieurs. Ils arrivèrent à Jéricho. Et, lorsque Jésus sortit, avec ses disciples, une assez grande foule qui l'attendait, et voici, deux aveugles mendiants, assis au bord du chemin l'un d'eux était le fils de Timée, son nom était Bartimée. Ils entendirent que c'était Jésus de Nazareth, et ils se mirent à crier ; ***Fils de David, Jésus aie pitié de nous ! Plusieurs les reprenaient, pour les faire taire ; mais ils criaient beaucoup plus fort ; Fils de David, aie pitié de nous ! Jésus ému de compassion s'arrêta, et dit : appelez-les. Ils appelèrent les aveugles, en leurs disant : prenez courage, levez-vous, il vous appelle.*** Les aveugles se jetaient leurs manteaux, et, se levant d'un bond, vinrent vers Jésus. Jésus, prenant la parole, leur dit : ***que voulez-vous que je fasse ? Ils lui dirent : Seigneur, que nos yeux s'ouvrent. Jésus toucha leurs yeux ; et aussitôt ils recouvrèrent la vue, et le suivirent.***

117- ZACHÉE ET JESUS

Jésus, étant entré dans Jéricho, traversait la ville. Et voici, un homme riche, appelé Zachée, chef des publicains, cherchait à voir qui était Jésus ; mais il ne pouvait y parvenir, à cause de la foule, car il était de petite taille. Il courut en avant, et monta sur un sycomore pour le voir, parce qu'il devait passer par là. Lorsque Jésus fut arrivé à cet endroit, il leva les yeux et lui dit : Zachée, hâte-toi de descendre ; car il faut que je demeure aujourd'hui dans ta maison. Zachée se hâta de descendre, et le reçut avec joie. Voyant cela, tous murmuraient, et disaient : il est allé loger chez un homme pécheur. Mais Zachée, se tenant devant le Seigneur, lui dit : ***voici, Seigneur, je donne aux pauvres la moitié de mes biens, et, si j'ai fait tort de quelque chose à quelqu'un, je lui rends le quadruple. Jésus lui dit : le salut est entré aujourd'hui dans cette maison, parce que celui-ci est aussi un fils d'Abraham. Car le Fils de l'homme est venu chercher et sauver ce qui était perdu.*** Que vous en semble ? Si un homme a cent brebis, et que l'une d'elles s'égare, ne laisse-t-il pas les quatre-vingt-dix-neuf autres sur les montagnes, pour aller chercher celle qui s'est égarée ? Et, s'il la trouve, je vous le dis en vérité, elle lui cause plus de joie que les quatre-vingt-dix-neuf qui ne se sont pas égarées. ***De même, ce n'est pas la volonté de votre Père qui est dans les cieux qu'il se perde un seul de ces petits.***

118- RÉSURRECTION DE LAZARE

Il y avait un homme malade, Lazare, de Béthanie, village de Marie et de Marthe, des sœurs. C'était cette Marie qui oignit de parfum le Seigneur et qui lui essuya les pieds avec ses cheveux, et c'était son frère Lazare qui était malade. Les sœurs envoyèrent dire à Jésus : Seigneur, voici, celui que tu aimes est malade. Après avoir entendu cela, Jésus dit : cette maladie n'est point à la mort ; mais elle est pour la gloire de Dieu, afin que le Fils de Dieu soit glorifié par elle. Or, Jésus aimait Marthe, et sa sœur, et Lazare. Cependant lorsqu'il apprit que Lazare était malade, il resta deux jours encore dans le lieu où il était, et il dit ensuite aux disciples : retournons en Judée. Les disciples lui dirent : ***rabbi, les Juifs tout récemment cherchaient à te lapider, et tu retournes en Judée ! Jésus répondit : n'y a-t-il pas douze heures au jour ? Si quelqu'un marche pendant le jour, il ne bronche point, parce qu'il voit la lumière de ce monde ; mais, si quelqu'un marche pendant la nuit, il bronche, parce que la lumière n'est pas en lui.*** Après ces paroles, il leur dit : Lazare, notre ami, dort ; mais je vais le réveiller. Les disciples lui dirent : Seigneur, s'il dort, il sera guéri. Jésus avait parlé de sa mort, mais ils crurent qu'il parlait de l'assoupissement du sommeil. Alors Jésus leur dit ouvertement : Lazare est mort. Et, à cause de vous, afin que vous croyiez. Je me réjouis de ce que je n'étais pas là. Mais allons vers lui. Sur quoi Thomas, appelé Didyme, dit aux autres disciples : allons aussi, afin de mourir avec lui. Jésus, étant arrivé, trouva que Lazare était déjà depuis quatre jours dans le sépulcre. Et, comme Béthanie était près de Jérusalem, à quinze stades environ *(2775m car 1 stade = 185 m).* Beaucoup de Juifs étaient venus vers Marthe et Marie, pour les consoler de la mort de leur frère. Lorsque Marthe apprit que Jésus arrivait, elle alla au-devant de lui, tandis que Marie se tenait assise à la maison. Marthe dit à Jésus : Seigneur, si tu eusses été ici, mon frère ne serait pas mort. Mais, maintenant même, je sais que tout ce que tu demanderas à Dieu, Dieu te l'accordera. Jésus lui dit : ton frère ressuscitera. ***Je suis la résurrection et la vie. Celui qui croit en moi vivra, quand même il serait mort ; et quiconque vit et croit en moi ne mourra jamais.*** Crois-tu cela ? Elle lui dit : oui, Seigneur, je crois que tu es le Christ, le Fils de Dieu, qui devait venir dans le monde. Ayant ainsi parlé, elle s'en alla. Puis elle appela secrètement Marie, sa sœur, et lui dit : le maître est ici, et il te demande. Dès que Marie eut entendu, elle se leva promptement, et alla vers lui. Car Jésus n'était pas encore entré dans le village, mais il était dans le lieu où Marthe l'avait rencontré. Les Juifs qui étaient avec Marie dans la maison et qui la consolaient, l'ayant vue se lever promptement et sortir, la suivirent, disant : elle va au sépulcre, pour y pleurer. Lorsque Marie fut arrivée là où était Jésus, et qu'elle le vit, elle tomba à ses pieds, et lui dit : Seigneur, si tu eusses été ici, mon frère ne serait pas mort. Jésus, la voyant pleurer, elle et les Juifs qui étaient venus avec elle, frémit en son esprit, et fut tout ému. ***Et il dit : où l'avez-vous mis ? Seigneur, lui répondirent-ils, viens et vois. Jésus pleura.*** Sur quoi les Juifs dirent : voyez comme il l'aimait. Et quelques-uns d'entre eux dirent : lui qui a ouvert les yeux de l'aveugle, ne pouvait-il pas faire aussi que cet homme ne mourût point ? Jésus frémissant de nouveau en lui-même, se rendit au sépulcre. C'était une grotte, et une pierre était placée devant. Jésus dit : ôtez la pierre. Marthe, la sœur du mort, lui dit : Seigneur, il sent déjà, car il y a quatre jours qu'il est là. Jésus lui dit : ***ne t'ai-je pas dit que, si tu crois, tu verras la gloire de Dieu ?*** Ils ôtèrent donc la pierre. Et Jésus leva les yeux en haut, et dit : Père, je te rends grâces de ce que tu m'as exaucé. Pour moi, je savais que tu m'exauces toujours ; mais j'ai parlé à cause de la foule qui m'entoure, afin qu'ils croient que c'est toi qui m'as envoyé. Ayant dit cela, il cria d'une voix forte : Lazare, sors ! Et le mort sortit, les pieds et les mains liés de bandes, et le visage enveloppé d'un linge. Jésus leur dit : déliez-le, et laissez-le aller. Plusieurs des Juifs qui étaient venus vers Marie, et qui virent ce que fit Jésus, crurent en lui. Mais quelques-uns d'entre eux allèrent trouver les pharisiens, et leur dirent ce que Jésus avait fait. Alors les principaux sacrificateurs et les pharisiens assemblèrent le sanhédrin, et dirent : que ferons-nous ? Car cet homme fait beaucoup de miracles. Si nous le laissons faire, tous croiront en lui, et les Romains viendront détruire et notre ville et notre nation. L'un d'eux, Caïphe, qui était souverain sacrificateur cette année-là, leur dit : vous n'y entendez rien ; vous ne réfléchissez pas qu'il est dans votre intérêt qu'un seul homme meure pour le peuple, et que la nation entière ne périsse pas. Or, il ne dit pas cela de lui-même ; mais étant souverain sacrificateur cette année-là, il prophétisa que Jésus devait mourir pour la nation. Et ce n'était pas pour la nation seulement ; c'était aussi afin de réunir en un seul corps les enfants de Dieu dispersés. Dès ce jour, ils résolurent de le faire mourir. C'est pourquoi Jésus ne se montra plus ouvertement parmi les Juifs ; mais il se retira dans la contrée voisine du désert, dans une ville appelée Éphraïm ; et là il demeurait avec ses disciples. La Pâque des Juifs était proche. Et beaucoup de gens du pays montèrent à Jérusalem avant la Pâque, pour se purifier. Ils cherchaient Jésus, et ils se disaient les uns aux autres dans le temple : que vous en semble ? Ne viendra-t-il pas à la fête ? Or, les principaux sacrificateurs et les pharisiens avaient donné l'ordre que, si quelqu'un savait où il était, il le déclarât, afin qu'on se saisît de lui.

119- LE DINER CHEZ MARTHE

Six jours avant la Pâque, Jésus en chemin avec ses disciples, entra dans un village appelé Béthanie, où était Lazare, qu'il avait ressuscité des morts. Là une femme, nommée Marthe, le reçut dans sa maison. C'était la sœur de Marie celle qui avait mis du parfum sur Jésus et également la sœur de Lazare le ressuscité. Pendant que Marthe s'occupait des diverses tâches domestiques et du service ; sa sœur Marie, quant à elle, était assise aux pieds du Seigneur, et écoutait sa parole. Sur ce, Marthe, survint et dit : Seigneur, cela ne te fait-il rien que ma sœur me laisse seule pour servir ? Dis-lui donc de m'aider. Le Seigneur lui répondit : Marthe, Marthe, tu t'inquiètes, et tu t'agites, pour beaucoup de choses. Une seule chose est nécessaire. Marie a choisi la bonne part, qui ne lui sera point ôtée. Après cela, on lui fit un souper ; Marthe servait. Son frère Lazare était un de ceux qui se trouvaient à table avec Jésus. Une grande multitude de Juifs apprirent que Jésus était à Béthanie ; et ils y vinrent, non pas seulement à cause de lui, mais aussi pour voir Lazare, qu'il avait ressuscité des morts. Les principaux sacrificateurs délibérèrent de faire mourir aussi Lazare, parce que beaucoup de Juifs se retiraient d'eux à cause de lui, et croyaient en Jésus. Tous ceux qui étaient avec Jésus, quand il appela Lazare du sépulcre et le ressuscita des morts, lui rendaient témoignage ; et la foule vint au-devant de lui, parce qu'elle avait appris qu'il avait fait ce miracle. Les pharisiens se dirent donc les uns aux autres : vous voyez que vous ne gagnez rien ; voici, le monde est allé après lui. Quelques Grecs, du nombre de ceux qui étaient montés pour adorer pendant la fête, s'adressèrent à Philippe, de Bethsaïda en Galilée, et lui dirent avec instance : Seigneur, nous voudrions voir Jésus. Philippe alla le dire à André, puis André et Philippe le dirent à Jésus. Jésus étant sortir se mit à leur dire : l'heure est venue où le Fils de l'homme doit être glorifié. En vérité, en vérité, je vous le dis, si le grain de blé qui est tombé en terre ne meurt, il reste seul ; mais, s'il meurt, il porte beaucoup de fruit. Celui qui aime sa vie la perdra, et celui qui n'aime pas sa vie dans ce monde la conservera pour la vie éternelle. Si quelqu'un me sert, qu'il me suive ; et là où je suis, là aussi sera mon serviteur. Si quelqu'un me sert, le Père l'honorera. Maintenant mon âme est troublée. Et que dirais-je ?... Père, délivre-moi de cette heure ?... Mais c'est pour cela que je suis venu jusqu'à cette heure. Père, glorifie ton nom ! Et une voix vint du ciel : je l'ai glorifié, et je le glorifierai encore. La foule qui était là, et qui avait entendu, disait que c'était un tonnerre. D'autres disaient : un ange lui a parlé. Jésus dit : ce n'est pas à cause de moi que cette voix s'est fait entendre ; c'est à cause de vous. Maintenant a lieu le jugement de ce monde ; maintenant le prince de ce monde sera jeté dehors. Et moi, quand j'aurai été élevé de la terre, j'attirerai tous les hommes à moi. En parlant ainsi, il indiquait de quelle mort il devait mourir. La foule lui répondit : nous avons appris par la loi que le Christ demeure éternellement ; comment donc dis-tu : il faut que le Fils de l'homme soit élevé ? Qui est ce Fils de l'homme ? Jésus leur dit : la lumière est encore pour un peu de temps au milieu de vous. Marchez, pendant que vous avez la lumière, afin que les ténèbres ne vous surprennent point : celui qui marche dans les ténèbres ne sait où il va. Pendant que vous avez la lumière, croyez en la lumière, afin que vous soyez des enfants de lumière. Jésus dit ces choses, puis il s'en alla, et se cacha loin d'eux.

120- LE CŒUR DES PHARISIENS

Malgré tant de miracles qu'il avait faits en leur présence, ils ne croyaient pas en lui, afin que s'accomplît la parole qu'Ésaïe, le prophète, a prononcée **(Esaïe 53 :1)** : *Seigneur, qui a cru à notre prédication ? Et à qui le bras du Seigneur a-t-il été révélé ?* Aussi ne pouvaient-ils croire, parce qu'Ésaïe a dit encore **(Esaïe 6 :10)** : *il a aveuglé leurs yeux ; et il a endurci leur cœur, de peur qu'ils ne voient des yeux, qu'ils ne comprennent du cœur, qu'ils ne se convertissent, et que je ne les guérisse.* Ésaïe dit ces choses, lorsqu'il vit sa gloire, et qu'il parla de lui. Cependant, même parmi les chefs, plusieurs crurent en lui ; mais, à cause des pharisiens, ils n'en faisaient pas l'aveu, dans la crainte d'être exclus de la synagogue. Car ils aimèrent la gloire des hommes plus que la gloire de Dieu. Or, Jésus s'était écrié : celui qui croit en moi croit, croit non pas en moi, mais en celui qui m'a envoyé ; et celui qui me voit, voit celui qui m'a envoyé. Je suis venu comme une lumière dans le monde, afin que quiconque croit en moi ne demeure pas dans les ténèbres. Si quelqu'un entend mes paroles et ne les garde point, ce n'est pas moi qui le juge ; car je suis venu non pour juger le monde, mais pour sauver le monde. ***Celui qui me rejette et qui ne reçoit pas mes paroles à son juge ; la parole que j'ai annoncée, c'est elle qui le jugera au dernier jour. Car je n'ai point parlé de moi-même ; mais le Père, qui m'a envoyé, m'a prescrit lui-même ce que je dois dire et annoncer. Et je sais que son commandement est la vie éternelle. C'est pourquoi les choses que je dis, je les dis comme le Père me les a dites.***

121- L'ENTREE TRIOMPHALE DE JESUS

La Pâque des Juifs étant déjà approché, Jésus décida d'aller à Jérusalem. Lorsqu'ils approchèrent de Jérusalem, et qu'ils furent près de Bethphagé et de Béthanie, vers la montagne des oliviers, Jésus envoya deux de ses disciples, en leur disant : allez au village qui est devant vous ; vous trouverez aussitôt une ânesse attachée, et un ânon avec elle ; détachez-les, et amenez-les-moi. Si, quelqu'un vous dit quelque chose, vous répondrez : le Seigneur en a besoin. Et à l'instant il les laissera aller. Or, ceci arriva afin que s'accomplît ce qui avait été annoncé par le prophète **(Zacharie 9 :9)** : *dites à la fille de Sion : voici, ton roi vient à toi, plein de douceur, et monté sur un ânon, le petit d'une ânesse.* Ceux qui étaient envoyés allèrent, et trouvèrent les choses comme Jésus leur avait dit. Les disciples, étant allés, trouvèrent l'ânon attaché dehors près d'une porte, au contour du chemin, et ils le détachèrent. Quelques-uns de ceux qui étaient là leur dirent : que faites-vous ? Pourquoi détachez-vous cet ânon ? Ils répondirent comme Jésus l'avait dit. Et on les laissa aller. Ils amenèrent l'ânesse, mirent sur eux leurs vêtements, et le firent asseoir dessus. La plupart des gens de la foule étendirent leurs vêtements sur le chemin ; d'autres coupèrent des branches d'arbres, et en jonchèrent la route. Et lorsque déjà il approchait de Jérusalem, vers la descente de la montagne des Oliviers, Jésus, en la voyant, pleura sur elle, et dit : si toi aussi, au moins en ce jour qui t'est donné, tu connaissais les choses qui appartiennent à ta paix ! Mais maintenant elles sont cachées à tes yeux. Il viendra sur toi des jours où tes ennemis t'environneront de tranchées, t'enfermeront, et te serreront de toutes parts ; ils te détruiront, toi et tes enfants au milieu de toi, et ils ne laisseront pas en toi pierre sur pierre, parce que tu n'as pas connu le temps où tu as été visitée. Mais toute la multitude des disciples, saisie de joie, se mit à louer Dieu à haute voix pour tous les miracles qu'ils avaient vus. Ils disaient : ***béni soit le roi qui vient au nom du Seigneur ! Paix dans le ciel, et gloire dans les lieux très hauts !*** Quelques pharisiens, du milieu de la foule, dirent à Jésus : maître, reprends tes disciples. Et il répondit : je vous le dis, s'ils se taisent, *les pierres crieront* **(Esaïe 55,12)** ! Lorsqu'il entra dans Jérusalem, toute la ville fut émue, et l'on disait : qui est celui-ci ? La foule répondait : c'est Jésus, le prophète, de Nazareth en Galilée.

122- JÉSUS CHASSE LES VENDEURS

Une fois arrivée, il trouva dans le temple les vendeurs de bœufs, de brebis et de pigeons, et les changeurs assis. Ayant fait un fouet avec des cordes, il les chassa tous du temple, ainsi que les brebis et les bœufs ; il dispersa la monnaie des changeurs, et renversa les tables ; et il dit aux vendeurs de pigeons : ***ôtez cela d'ici, ne faites pas de la maison de mon Père une maison de trafic*** et il ne laissait personne transporter aucun objet à travers le temple. Ses disciples se souvinrent qu'il est écrit **(Psaume 69 :9 et psaume 119 :139)** : *le zèle de ta maison me dévore.* Leur disant n'est-il pas écrit **(Esaïe 56 :7)** : *ma maison sera appelée une maison de prière pour toutes les nations ? Mais vous, vous en avez fait une caverne de voleurs.* Des aveugles et des boiteux s'approchèrent de lui dans le temple. Et il les guérit. Mais les principaux sacrificateurs et les scribes furent indignés, à la vue des choses merveilleuses qu'il avait faites, et des enfants qui criaient dans le temple : *hosanna au Fils de David !* Ils lui dirent : entends-tu ce qu'ils disent ? Oui, leur répondit Jésus. N'avez-vous jamais lu ces paroles **(Psaume8 :3)** *: tu as tiré des louanges de la bouche des enfants et de ceux qui sont à la mamelle ?*

123- LA VENUE DU FILS DE L'HOMME

Lorsque Jésus sortit du temple, un de ses disciples lui dit : maître, regarde ! Quelles pierres, et quelles constructions ! Les Juifs, prenant la parole, lui dirent : quel miracle nous montres-tu, pour agir de la sorte ? Jésus leur répondit : ***voyez-vous ces grandes constructions ? Il ne restera pas pierre sur pierre qui ne soit renversée. Je détruirai ce temple, et en trois jours je le relèverai.*** Les Juifs dirent : il a fallu quarante-six ans pour bâtir ce temple, et toi, en trois jours tu le relèveras ! Mais il parlait du temple de son corps. C'est pourquoi, lorsqu'il fut ressuscité des morts, ses disciples se souvinrent qu'il avait dit cela, et ils crurent à l'Écriture et à la parole que Jésus avait dite. Les principaux sacrificateurs et les scribes, l'ayant entendu, cherchèrent les moyens de le faire périr ; car ils le craignaient, parce que toute la foule était frappée de sa doctrine et l'écoutait avec admiration. Il alla s'assoir sur la montagne des oliviers en face du temple. Et les disciples vinrent en particulier Pierre, Jacques, Jean et André lui poser cette question : dis-nous, quand cela arrivera-t-il, et quel sera le signe de ton avènement et de la fin du monde ? ***Jésus leur répondit : prenez garde que personne ne vous séduise. Car plusieurs viendront sous mon nom, disant : c'est moi qui suis le Christ. Et ils séduiront beaucoup de gens. Quand vous entendrez parler de guerres et de soulèvements, ne soyez pas effrayés, car il faut que ces choses arrivent premièrement. Mais ce ne sera pas encore la fin. Alors il leur dit : une nation s'élèvera contre une nation, et un royaume contre un royaume ; il y aura de grands tremblements de terre, et, en divers lieux, des pestes et des famines ; il y aura des phénomènes terribles, et de grands signes dans le ciel.*** Mais, avant tout cela, on mettra la main sur vous, et l'on vous persécutera, vous serez battus de verges dans les synagogues ; on vous livrera aux tribunaux, on vous jettera en prison, on vous mènera devant des rois et devant des gouverneurs, et l'on vous fera mourir ; et vous serez haïs de toutes les nations à cause de mon nom. Mettez-vous donc dans l'esprit de ne pas préméditer votre défense ; car je vous donnerai une bouche et une sagesse à laquelle tous vos adversaires ne pourront résister ou contredire. ***Vous serez livrés même par vos parents, par vos frères, par vos proches et par vos amis, et ils feront mourir plusieurs d'entre vous. Vous serez haïs de tous, à cause de mon nom. Mais il ne se perdra pas un cheveu de votre tête ; par votre persévérance vous sauverez vos âmes.*** Lorsque vous verrez Jérusalem investie par les armées, sachez alors que sa désolation est proche. ***Plusieurs faux prophètes s'élèveront, et ils séduiront beaucoup de gens. Et, parce que l'iniquité se sera accrue, la charité du plus grand nombre se refroidira. Mais celui qui persévérera jusqu'à la fin sera sauvé.*** Cette bonne nouvelle du royaume sera prêchée dans le monde entier, pour servir de témoignage à toutes les nations. Alors viendra la fin. *C'est pourquoi, lorsque vous verrez l'abomination de la désolation, dont a parlé le prophète Daniel, établie en lieu saint, que celui qui lit fasse attention* **(Daniel 9 :27-13)** *!* Alors, que ceux qui seront en Judée fuient dans les montagnes, que ceux qui seront au milieu de Jérusalem en sortent, que celui qui sera sur le toit ne descende pas pour prendre ce qui est dans sa maison ; et que celui qui sera dans les champs ne retourne pas en arrière pour prendre son manteau. Car ce seront des jours de vengeance, pour l'accomplissement de tout ce qui est écrit. Malheur aux femmes qui seront enceintes et à celles qui allaiteront en ces jours-là ! Car il y aura une grande détresse dans le pays, et de la colère contre ce peuple. Ils tomberont sous le tranchant de l'épée, ils seront emmenés captifs parmi toutes les nations, et Jérusalem sera foulée aux pieds par les nations, jusqu'à ce que les temps des nations soient accomplies. ***Mais dans ces jours, après cette détresse, le soleil s'obscurcira, la lune ne donnera plus sa lumière, les étoiles tomberont du ciel, et les puissances qui sont dans les cieux seront ébranlées. Et sur la terre, il y aura de l'angoisse chez les nations qui ne sauront que faire, au bruit de la mer et des flots, les hommes***

rendant l'âme de terreur dans l'attente de ce qui surviendra pour la terre. Car les puissances des cieux seront ébranlées. Priez pour que ces choses n'arrivent pas en hiver. Car la détresse, en ces jours, sera telle qu'il n'y en a point eu de semblable depuis le commencement du monde que Dieu a créé jusqu'à présent, et qu'il n'y en aura jamais. Et, si le Seigneur n'avait abrégé ces jours, personne ne serait sauvé ; mais il les a abrégés, à cause des élus qu'il a choisis. Si quelqu'un vous dit alors : "le Christ est ici", où : "il est là", ne le croyez pas. Car il s'élèvera de faux Christs et de faux prophètes ; ils feront de grands prodiges et des miracles, au point de séduire, s'il était possible, même les élus. Soyez sur vos gardes : je vous ai tout annoncé d'avance. Si donc on vous dit : voici, il est dans le désert, n'y allez pas ; voici, il est dans les chambres, ne le croyez pas. Car, comme l'éclair part de l'orient et se montre jusqu'en occident, ainsi sera l'avènement du Fils de l'homme. En quelque lieu que soit le cadavre, là s'assembleront les aigles. Alors le signe du Fils de l'homme paraîtra dans le ciel, toutes les tribus de la terre se lamenteront, et elles verront le Fils de l'homme venant sur les nuées du ciel avec puissance et une grande gloire. Il enverra ses anges avec la trompette retentissante, et ils rassembleront ses élus des quatre vents, depuis une extrémité des cieux jusqu'à l'autre. Quand ces choses commenceront à arriver, redressez-vous et levez vos têtes, parce que votre délivrance approche. Instruisez-vous par une comparaison tirée du figuier. Dès que ses branches deviennent tendres, et que les feuilles poussent, vous connaissez que l'été est proche. De même, quand vous verrez toutes ces choses, sachez que le Fils de l'homme est proche, à la porte. Je vous le dis en vérité, cette génération ne passera point, que tout cela n'arrive. Le ciel et la terre passeront, mais mes paroles ne passeront point. ***Prenez garde à vous-mêmes, de crainte que vos cœurs ne s'appesantissent par les excès du manger et du boire, et par les soucis de la vie, et que ce jour ne vienne sur vous à l'improviste*** ; car il viendra comme un filet sur tous ceux qui habitent sur la face de toute la terre. Il en sera comme d'un homme qui, partant pour un voyage, laisse sa maison, remet l'autorité à ses serviteurs, indique à chacun sa tâche, et ordonne au portier de veiller. Veillez donc, car vous ne savez quand viendra le maître de la maison, ou le soir, ou au milieu de la nuit, ou au chant du coq, ou le matin ; *ce qui arriva du temps de Noé arrivera de même à l'avènement du Fils de l'homme* **(Genèse 7 :1-15).** Car, dans les jours qui précédèrent le déluge, les hommes mangeaient et buvaient, se mariaient et mariaient leurs enfants, jusqu'au jour où Noé entra dans l'arche ; et ils ne se doutèrent de rien, jusqu'à ce que le déluge vînt et les emportât tous : il en sera de même à l'avènement du Fils de l'homme. Alors, de deux hommes qui seront dans un champ, l'un sera pris et l'autre laissé ; de deux femmes qui moudront à la meule, l'une sera prise et l'autre laissée. Craignez qu'il ne vous trouve endormis, à son arrivée soudaine. *Ce sera pareil aux temps de Lot* **(Genèse 19 :17-22).** Les hommes mangeaient, buvaient, achetaient, vendaient, plantaient, bâtissaient ; mais le jour où Lot sortit de Sodome, une pluie de feu et de souffre tomba du ciel, et les fit tous périr. Il en sera de même le jour où le Fils de l'homme paraîtra. En ce jour-là, que celui qui sera sur le toit, et qui aura ses effets dans la maison, ne descende pas pour les prendre ; et que celui qui sera dans les champs ne retourne pas non plus en arrière. *Souvenez-vous de la femme de Lot* **(Genèse 19 :26).** Celui qui cherchera à sauver sa vie la perdra, et celui qui la perdra la retrouvera. Ce que je vous dis, je le dis à tous : veillez donc et priez en tout temps, afin que vous ayez la force d'échapper à toutes ces choses qui arriveront, et de paraître debout devant le Fils de l'homme. Sachez-le bien, si le maître de la maison savait à quelle veille de la nuit le voleur doit venir, il veillerait et ne laisserait pas percer sa maison. C'est pourquoi, vous aussi, tenez-vous prêts, car le Fils de l'homme viendra à l'heure où vous n'y penserez pas. Quel est donc le serviteur fidèle et prudent, que son maître a établi sur ses gens, pour leur donner la nourriture au temps convenable ? Heureux ce serviteur, que son maître, à son arrivée, trouvera faisant ainsi ! Je vous le dis en vérité, il l'établira sur tous ses biens. Mais, si c'est un méchant serviteur, qui dise en lui-même : mon maître tarde à venir, et il se met à battre ses compagnons, il mange et boit avec les ivrognes, le maître de ce serviteur viendra le jour où il ne s'y attend pas et à l'heure qu'il ne connaît pas, il le mettra en pièces, et lui donnera sa part avec les hypocrites : c'est là qu'il y aura des pleurs et des grincements de dents. Pendant le jour, Jésus enseignait dans le temple, et il allait passer la nuit à la montagne appelée montagne des Oliviers. Et tout le peuple, dès le matin, se rendait vers lui dans le temple pour l'écouter.

124- LA QUETE

Jésus, s'étant assis vis-à-vis du tronc ; une tirelire c'est-à-dire un récipient destiné pour collecter les dons offerts aux synagogues pour les pauvres. Ayant levé les yeux, regardait comment la foule y mettait de l'argent. Il vit les riches qui mettaient beaucoup d'offrandes dans le tronc. Il vint aussi une pauvre veuve, elle y mit deux petites pièces, faisant un quart de sou. Alors Jésus, ayant appelé ses disciples, leur dit : je vous le dis en vérité, cette pauvre veuve a donné plus que tout ceux qui ont mis leur part dans le tronc ; car tous ont mis de leur superflu, mais elle a mis de son nécessaire, tout ce qu'elle possédait, tout ce qu'elle avait pour vivre.

125- JESUS ET LE RICHE HOMME

Et voici, un homme s'approcha, se jetant à genoux, et dit à Jésus : bon maître, que dois-je faire pour hériter la vie éternelle ? Jésus lui répondit : pourquoi m'appelles-tu bon ? Dieu seul est bon. ***Si tu veux entrer dans la vie éternelle, observe les commandements. Lesquels ? Lui dit-il. Et Jésus répondit : tu ne tueras point ; tu ne commettras point d'adultère ; tu ne voleras point ; tu ne diras point de faux témoignage ; honore ton père et ta mère ; et tu aimeras ton prochain comme toi-même. Le jeune homme lui dit maître : j'ai observé toutes ces choses dès ma jeunesse ; que me manque-t-il encore ? Jésus, l'ayant regardé, l'aima, et lui dit : si tu veux être parfait, il te manque une chose ; va, vends tout ce que tu as, donne-le aux pauvres, et tu auras un trésor dans le ciel. Puis viens, et suis-moi. Après avoir entendu ces paroles, le jeune homme devint affligé et s'en alla tout triste*** ; car il était très riche. Voyant qu'il était devenu tout triste, et regardant autour de lui ; Jésus dit à ses disciples : mes enfants, je vous le dis en vérité, un riche entrera difficilement dans le royaume de Dieu. Je vous le dis encore, il est plus facile à un chameau de passer par le trou d'une aiguille qu'à un riche d'entrer dans le royaume des Cieux. Ceux qui l'écoutaient furent très étonnés, et dirent : qui peut donc être sauvé ? Jésus les regarda, et leur dit : aux hommes cela est impossible, mais à Dieu tout est possible.

126- LAZARE ET LE RICHE

Ecoutez ceci ! Il y avait un homme riche, qui était vêtu de pourpre et de lin fin, et qui chaque jour menait joyeuse et brillante vie. Un pauvre, nommé Lazare, était couché à sa porte, couvert d'ulcères, et désireux de se rassasier des miettes qui tombaient de la table du riche ; et même les chiens venaient encore lécher ses ulcères. ***Le pauvre mourut, et il fut porté par les anges dans le sein d'Abraham.*** Le riche mourut aussi, et il fut enseveli. Dans le séjour des morts, il leva les yeux ; et, tandis qu'il était en proie aux tourments, il vit de loin Abraham, et Lazare dans son sein. Il s'écria : père Abraham, aie pitié de moi, et envoie Lazare, pour qu'il trempe le bout de son doigt dans l'eau et me rafraîchisse la langue ; car je souffre cruellement dans cette flamme. Abraham répondit : mon enfant, souviens-toi que tu as reçu tes biens pendant ta vie, et que Lazare a eu les maux pendant la sienne ; maintenant il est ici consolé, et toi, tu souffres. D'ailleurs, il y a entre nous et vous un grand abîme, afin que ceux qui voudraient passer d'ici vers vous, ou de là vers nous, ne puissent le faire. Le riche dit : je te prie donc, père Abraham, d'envoyer Lazare dans la maison de mon père ; car j'ai cinq frères. C'est pour qu'il leur atteste ces choses, afin qu'ils ne viennent pas aussi dans ce lieu de tourments. ***Abraham répondit : ils ont Moïse et les prophètes ; qu'ils les écoutent.*** Et il dit : non, père Abraham, mais si quelqu'un des morts va vers eux, ils se repentiront. Et Abraham lui dit : ***s'ils n'écoutent***

pas Moïse et les prophètes, ils ne se laisseront pas persuader quand même quelqu'un des morts ressusciterait.

127- JESUS ET LE PARTAGE D'HÉRITAGE

Quelqu'un dit à Jésus, du milieu de la foule : maître, dis à mon frère de partager avec moi notre héritage. Jésus lui répondit : ô homme, qui m'a établi pour être votre juge, ou pour faire vos partages ?

128- LE CULTIVATEUR INSENSÉ ET RADIN

Gardez-vous avec soin de toute avarice disait-il ; car la vie d'un homme ne dépend pas de ses biens, fût-il dans l'abondance. Puis il leur dit cette parabole : les terres d'un homme riche avaient beaucoup rapporté. Et il raisonnait en lui-même, disant : que ferai-je ? car je n'ai pas de place pour serrer ma récolte. Voici, dit-il, ce que je ferai : j'abattrai mes greniers, j'en bâtirai de plus grands, j'y amasserai toute ma récolte et tous mes biens ; et je dirai à mon âme : ***mon âme, tu as beaucoup de biens en réserve pour plusieurs années ; repose-toi, mange, bois, et réjouis-toi. Mais Dieu lui dit : insensé ! Cette nuit même ton âme te sera redemandée ; et ce que tu as préparé, pour qui cela sera-t-il ? Il en est ainsi de celui qui amasse des trésors pour lui-même, et qui n'est pas riche pour Dieu.***

129- LES INQUIETUDES

Jésus dit ensuite à ses disciples : c'est pourquoi je vous dis ; ne vous inquiétez pas pour votre vie de ce que vous mangerez, ni pour votre corps de quoi vous serez vêtus. La vie est plus que la nourriture, et le corps plus que le vêtement. Regardez les oiseaux du ciel : ils ne sèment ni ne moissonnent, et ils n'amassent rien dans des greniers ; et votre Père céleste les nourrit. Ne valez-vous pas beaucoup plus qu'eux ? Qui de vous, par ses inquiétudes, peut ajouter une coudée à la durée de sa vie ? Si donc vous ne pouvez pas même la moindre chose, pourquoi vous inquiétez-vous du reste ? Considérez comment croissent les lis : ils ne travaillent ni ne filent ; cependant je vous dis que Salomon même, dans toute sa gloire, n'a pas été vêtu comme l'un d'eux. Si Dieu revêt ainsi l'herbe qui est aujourd'hui dans les champs et qui demain sera jetée au four, à combien plus forte raison ne vous vêtira-t-il pas, gens de peu de foi ? ***Ne vous inquiétez donc point, et ne dites pas : que mangerons-nous ? Que boirons-nous ? De quoi serons-nous vêtus ? Car toutes ces choses, ce sont les païens qui les recherchent. Votre Père céleste sait que vous en avez besoin. Cherchez premièrement le royaume et la justice de Dieu ; et toutes ces choses vous seront données par-dessus. Ne vous inquiétez donc pas du lendemain ; car le lendemain aura soin de lui-même. A chaque jour suffit sa peine.*** Ne crains point, petit troupeau ; car votre Père a trouvé bon de vous donner le royaume.

130- FAIRE SON TRESOR DANS LES CIEUX

Ne vous amassez pas des trésors sur la terre, où la teigne et la rouille détruisent, et où les voleurs percent et dérobent ; mais amassez-vous des trésors inépuisables dans le ciel, où la teigne et la rouille ne détruisent point, et où les voleurs ne percent ni ne dérobent. ***Vendez ce que vous possédez, et donnez-le en aumônes. Faites-vous des bourses qui ne s'usent point. Car là où est votre trésor, là aussi sera votre cœur.***

131- LE GERANT HABILE

Jésus dit aussi à ses disciples : un homme riche avait un économe, qui lui fut dénoncé comme dissipant ses biens. Il l'appela, et lui dit : qu'est-ce que j'entends dire de toi ? Rends compte de ton administration, car tu ne pourras plus administrer mes biens. L'économe dit en lui-même : que ferai-je, puisque mon maître m'ôte l'administration de ses biens ? Travailler à la terre ? Je ne le puis. Mendier ? J'en ai honte. ***Je sais ce que je ferai, pour qu'il y ait des gens***

qui me reçoivent dans leurs maisons quand je serai destitué de mon emploi. Et, faisant venir chacun des débiteurs de son maître, il dit au premier : combien dois-tu à mon maître ? Cent mesures d'huile, répondit-il. Et il lui dit : prends ton billet, assieds-toi vite, et écris cinquante. Il dit ensuite à un autre : et toi, combien dois-tu ? Cent mesures de blé, répondit-il. Et il lui dit : prends ton billet, et écris quatre-vingts. Le maître loua l'économe infidèle de ce qu'il avait agi prudemment. Car les enfants de ce siècle sont plus prudents à l'égard de leurs semblables que ne le sont les enfants de lumière. Et moi, ***je vous dis : faites-vous des amis avec les richesses injustes, pour qu'ils vous reçoivent dans les tabernacles éternels, quand elles viendront à vous manquer.*** Celui qui est fidèle dans les moindres choses l'est aussi dans les grandes, et celui qui est injuste dans les moindres choses l'est aussi dans les grandes. ***Si donc vous n'avez pas été fidèle dans les richesses injustes, qui vous confiera les véritables ? Et si vous n'avez pas été fidèles dans ce qui est à autrui, qui vous donnera ce qui est à vous ?***

132- L'AUMONE

Gardez-vous de pratiquer votre justice devant les hommes, pour en être vus ; autrement, vous n'aurez point de récompense auprès de votre Père qui est dans les cieux. Lorsque tu fais l'aumône, ne sonne pas de la trompette devant toi, comme font les hypocrites dans les synagogues et dans les rues, afin d'être glorifiés par les hommes. Je vous le dis en vérité, ils reçoivent leur récompense. Mais ***quand tu fais l'aumône, que ta main gauche ne sache pas ce que fait ta droite, afin que ton aumône se fasse en secret ; et ton Père, qui voit dans le secret, te le rendra.*** Qui de vous, ayant un serviteur qui laboure ou paît les troupeaux, lui dira, quand il revient des champs : approche vite, et mets-toi à table ? Ne lui dira-t-il pas au contraire : prépare-moi à souper, ceins-toi, et sers-moi, jusqu'à ce que j'aie mangé et bu ; après cela, toi, tu mangeras et boiras ***? Doit-il de la reconnaissance à ce serviteur parce qu'il a fait ce qui lui était ordonné ? Vous de même, quand vous avez fait tout ce qui vous a été ordonné, dites : nous sommes des serviteurs inutiles, nous avons fait ce que nous devions faire.***

133- LE MAUVAIS JUGE

Jésus leur adressa une parabole, pour montrer qu'il faut toujours prier, et ne point se relâcher. Il dit : il y avait dans une ville un juge qui ne craignait point Dieu et qui n'avait d'égard pour personne. Il y avait aussi dans cette ville une veuve qui venait lui dire : fais-moi justice de ma partie adverse. Pendant longtemps il refusa. Mais ensuite il dit en lui-même : ***quoique je ne craigne point Dieu et que je n'aie d'égard pour personne, néanmoins, parce que cette veuve m'importune, je lui ferai justice, afin qu'elle ne vienne pas sans cesse me rompre la tête. Le Seigneur ajouta : entendez ce que dit le juge inique. Et Dieu ne fera-t-il pas justice à ses élus, qui crient à lui jour et nuit, et tardera-t-il à leur égard ? Je vous le dis, il leur fera promptement justice. Mais, quand le Fils de l'homme viendra, trouvera-t-il la foi sur la terre ?***

134- LE JUGEMENT DE DIEU

Les pharisiens demandèrent à Jésus quand viendrait le royaume de Dieu. Il leur répondit : le royaume de Dieu ne vient pas de manière à frapper les regards. On ne dira point : il est ici, ou bien : il est là. Car voici, le royaume de Dieu est déjà au milieu de vous. Lorsque le Fils de l'homme viendra dans sa gloire, avec tous les anges, il s'assiéra sur le trône de sa gloire. Toutes les nations seront assemblées devant lui. Il séparera les uns d'avec les autres, comme le berger sépare les brebis d'avec les boucs ; et il mettra les brebis à sa droite, et les boucs à sa gauche. Alors le roi dira à ceux qui seront à sa droite : venez, vous qui êtes bénis de mon Père ; ***prenez possession du royaume qui vous a été préparé dès la fondation du monde. Car j'ai eu faim, et vous m'avez donné à manger ; j'ai eu soif, et vous m'avez donné à boire ; j'étais étranger, et vous m'avez recueilli ; j'étais nu, et vous m'avez vêtu ; j'étais malade, et vous m'avez visité ; j'étais en prison, et vous êtes venus vers moi.*** Les justes lui répondront : Seigneur, quand t'avons-nous vu avoir faim, et t'avons-nous donné à manger ; ou avoir soif, et t'avons-nous donné à boire ? Quand t'avons-nous vu étranger, et t'avons-nous recueilli ; ou nu, et t'avons-nous vêtu ? Quand t'avons-nous vu malade, ou en prison, et sommes-nous allés vers toi ? Et le roi leur répondra : je vous le dis en vérité, toutes les fois que vous avez fait ces choses à l'un de ces plus petits de mes frères, c'est à moi que vous les avez faites. Ensuite, il dira à ceux qui seront à sa gauche : retirez-vous de moi, maudits ; allez dans le feu éternel qui a été préparé pour le diable et pour ses anges. Car j'ai eu faim, et vous ne m'avez pas donné à manger ; j'ai eu soif, et vous ne m'avez pas donné à boire ; j'étais étranger, et vous ne m'avez pas recueilli ; j'étais nu, et vous ne m'avez pas vêtu ; j'étais malade et en prison, et vous ne m'avez pas visité. Ils répondront aussi : Seigneur, quand t'avons-nous vu ayant faim, ou ayant soif, ou étranger, ou nu, ou malade, ou en prison, et ne t'avons-nous pas assisté ? Et il leur répondra : je vous le dis en vérité, toutes les fois que vous n'avez pas fait ces choses à l'un de ces plus petits, c'est à moi que vous ne les avez pas faites. Et ceux-ci iront au châtiment éternel, mais les justes à la vie éternelle.

135- LE FIGUIER MAUDIT

Quand le soir fut venu, Jésus sortit de la ville et comme il était déjà tard, il s'en alla à Béthanie avec les douze où il passa la nuit. Le lendemain, après qu'ils furent sortis, ***Jésus eut faim. Apercevant de loin un figuier qui avait des feuilles, il alla voir s'il y trouverait quelque chose ; et, s'en étant approché, il ne trouva que des feuilles, car ce n'était pas la saison des figues. Prenant alors la parole, il lui dit : que jamais personne ne mange de ton fruit !*** Et ses disciples l'entendirent. ***Et à l'instant le figuier sécha.*** Les disciples, qui virent cela, furent étonnés, et dirent : comment ce figuier est-il devenu sec en un instant ? Il vous faut la foi. Les apôtres dirent au Seigneur : augmentes-en-nous la foi. Jésus leur répondit : ***je vous le dis en vérité, si vous avez de la foi aussi petite comme une graine de moutarde et que vous ne doutez point dans votre cœur, mais vous croyez que ce que vous dites arrivera, vous le verrez s'accomplir, et non seulement vous ferez ce qui a été fait à ce figuier, mais quand vous diriez à une montagne ou à un sycomore : ôte-toi de là ; déracine-toi, et plante-toi dans la mer ; il vous obéirait. C'est pourquoi je vous dis : tout ce que vous demanderez en priant, croyez que vous l'avez reçu, et vous le verrez s'accomplir.*** Pendant que Jésus était à Jérusalem, à la fête de Pâque, plusieurs crurent en son nom, voyant les miracles qu'il faisait. Mais Jésus ne se fiait point à eux, parce qu'il les connaissait tous, et parce qu'il n'avait pas besoin qu'on lui rendît témoignage d'aucun homme ; car il savait lui-même ce qui était dans l'homme.

136- L'HOMME PARALYSÉ DEPUIS 38 ANS

Après cela, il y eut une fête des Juifs, et Jésus monta à Jérusalem. Or, à Jérusalem, près de la porte des brebis, il y a une piscine qui s'appelle en hébreu Béthesda, et qui a cinq portiques. Sous ces portiques étaient couchés en grand nombre des malades, des aveugles, des boiteux, des paralytiques, qui attendaient le mouvement de l'eau ; car un ange descendait de temps en temps dans la piscine, et agitait l'eau ; et celui qui y descendait le premier après que l'eau avait été agitée était guéri, quelle que fût sa maladie. Là se trouvait un homme malade depuis trente-huit ans. Jésus, l'ayant vu couché, et sachant qu'il était malade depuis longtemps, lui dit : ***veux-tu être guéri ? Le malade lui répondit : Seigneur, je n'ai personne pour me jeter dans la piscine quand l'eau est agitée, et, pendant que j'y vais, un autre descend avant moi. Lève-toi, lui dit Jésus, prends ton lit, et marche. Aussitôt cet homme fut guéri ; il prit son lit, et marcha.*** C'était un jour de sabbat. Les Juifs dirent donc à celui qui avait été guéri : c'est le sabbat ; il ne t'est pas permis d'emporter ton lit. Il leur répondit : celui qui m'a guéri m'a dit : prends ton lit, et marche. Ils lui demandèrent : qui est l'homme qui t'a dit : prends ton lit, et marche ? Mais celui qui avait été guéri ne savait pas qui c'était ; car Jésus avait disparu de la foule qui était en ce lieu. ***Jésus le trouva dans le temple, lui dit : voici, tu as été guéri ; ne pèche plus, de peur***

qu'il ne t'arrive quelque chose de pire. Cet homme s'en alla, et annonça aux Juifs que c'était Jésus qui l'avait guéri. C'est pourquoi les Juifs poursuivaient Jésus, ***parce qu'il faisait ces choses le jour du sabbat. Mais Jésus leur répondit : mon Père agit jusqu'à présent ; moi aussi, j'agis.*** A cause de cela, les Juifs cherchaient encore plus à le faire mourir, non seulement parce qu'il violait le sabbat, mais parce qu'il appelait Dieu son propre Père, se faisant lui-même égal à Dieu.

137- LE POUVOIR DU PERE ET DU FILS

Jésus reprit donc la parole, et leur dit : en vérité, en vérité, je vous le dis, le Fils ne peut rien faire de lui-même, il ne fait que ce qu'il voit faire au Père ; et tout ce que le Père fait, le Fils aussi le fait pareillement. Car le Père aime le Fils, et lui montre tout ce qu'il fait ; et il lui montrera des œuvres plus grandes que celles-ci, afin que vous soyez dans l'étonnement. ***Car, comme le Père ressuscite les morts et donne la vie, ainsi le Fils donne la vie à qui il veut.*** Le Père ne juge personne, mais il a remis tout jugement au Fils, afin que tous honorent le Fils comme ils honorent le Père. Celui qui n'honore pas le Fils n'honore pas le Père qui l'a envoyé. ***En vérité, en vérité, je vous le dis, celui qui écoute ma parole, et qui croit à celui qui m'a envoyé, a la vie éternelle et ne vient point en jugement, mais il est passé de la mort à la vie. En vérité, en vérité, je vous le dis, l'heure vient, et elle est déjà venue, où les morts entendront la voix du Fils de Dieu ; et ceux qui l'auront entendue vivront.*** Car, comme le Père a la vie en lui-même, ainsi il a donné au Fils d'avoir la vie en lui-même. Et il lui a donné le pouvoir de juger, parce qu'il est Fils de l'homme. Ne vous étonnez pas de cela ; car l'heure vient où tous ceux qui sont dans les sépulcres entendront sa voix, et en sortiront. Ceux qui auront fait le bien ressusciteront pour la vie, mais ceux qui auront fait le mal ressusciteront pour le jugement. Je ne puis rien faire de moi-même : selon que j'entends, je juge ; et mon jugement est juste, parce que je ne cherche pas ma volonté, mais la volonté de celui qui m'a envoyé.

138- LE TEMOIGNAGE DU DIEU LE PERE

Si c'est moi qui rends témoignage de moi-même, mon témoignage n'est pas vrai. Il y en a un autre qui rend témoignage de moi, et je sais que le témoignage qu'il rend de moi est vrai. Vous avez envoyé vers Jean, et il a rendu témoignage à la vérité. Pour moi ce n'est pas d'un homme que je reçois le témoignage ; mais je dis ceci, afin que vous soyez sauvés. Jean était la lampe qui brûle et qui luit, et vous avez voulu vous réjouir une heure à sa lumière. Moi, j'ai un témoignage plus grand que celui de Jean ; car les œuvres que le Père m'a donné d'accomplir, ces œuvres mêmes que je fais, témoignent de moi que c'est le Père qui m'a envoyé. Et le Père qui m'a envoyé a rendu lui-même témoignage de moi. Vous n'avez jamais entendu sa voix, vous n'avez point vu sa face, et sa parole ne demeure point en vous, parce que vous ne croyez pas à celui qu'il a envoyé. ***Vous sondez les Écritures, parce que vous pensez avoir en elles la vie éternelle : ce sont elles qui rendent témoignage de moi. Et vous ne voulez pas venir à moi pour avoir la vie ! Je ne tire pas ma gloire des hommes. Mais je sais que vous n'avez point en vous l'amour de Dieu. Je suis venu au nom de mon Père, et vous ne me recevez pas ; si un autre vient en son propre nom, vous le recevrez.*** Comment pouvez-vous croire, vous qui tirez votre gloire les uns des autres, et qui ne cherchez point la gloire qui vient de Dieu seul ? Ne pensez pas que moi je vous accuserai devant le Père ; celui qui vous accuse, c'est Moïse, en qui vous avez mis votre espérance. Car si vous croyiez Moïse, vous me croiriez aussi, parce qu'il a écrit de moi. Mais si vous ne croyez pas à ses écrits, comment croirez-vous à mes paroles ?

139- LE DERNIÈR REPAS DE JÉSUS

Avant la fête de Pâque, Jésus, sachant que son heure était venue de passer de ce monde au Père, et ayant aimé les siens qui étaient dans le monde, mit le comble à son amour pour eux. Il dit à ses disciples : vous savez que la Pâque a lieu dans deux jours, et que le Fils de l'homme sera livré pour être crucifié. Le premier jour des pains sans levain, où l'on immolait la Pâque, les disciples de Jésus lui dirent : où veux-tu que nous allions te préparer la Pâque ? Et il envoya deux de ses disciples Pierre et Jean, et leur dit : allez à la ville chez un tel ; vous rencontrerez un homme portant une cruche d'eau, suivez- le. Quelque part qu'il entre, dites au maître de la maison : le maître dit : mon temps est proche ; je ferai chez toi la Pâque avec mes disciples. Où est le lieu où je la mangerai ? Et il vous montrera une grande chambre haute, meublée et toute prête : c'est là que vous nous préparerez la Pâque. Les disciples partirent, arrivèrent à la ville, et trouvèrent les choses comme il le leur avait dit ; et ils préparèrent la Pâque. Satan entra dans Judas, surnommé Iscariot, qui était du nombre des douze. Et Judas alla s'entendre avec les principaux sacrificateurs et les chefs des gardes, sur la manière de le leur livrer. Ils furent dans la joie, et ils convinrent de lui donner de l'argent. Après s'être engagé, il cherchait une occasion favorable pour leur livrer Jésus à l'insu de la foule. L'heure étant venue, il se mit à table, et les apôtres avec lui. Pendant le souper, lorsque le diable avait déjà inspiré au cœur de Judas Iscariote, fils de Simon, le dessein de le livrer. Pendant qu'ils étaient à table et qu'ils mangeaient, Jésus, qui savait que le Père avait remis toutes choses entre ses mains, qu'il était venu de Dieu, et qu'il s'en allait à Dieu, ***se leva de table, ôta ses vêtements, et prit un linge, dont il se ceignit. Ensuite il versa de l'eau dans un bassin, et il se mit à laver les pieds des disciples, et à les essuyer avec le linge dont il était ceint.*** Il vint donc à Simon Pierre ; et Pierre lui dit : toi, Seigneur, tu me laves les pieds ! Jésus lui répondit : ce que je fais, tu ne le comprends pas maintenant, mais tu le comprendras bientôt. Pierre lui dit : non, jamais tu ne me laveras les pieds. Jésus lui répondit : ***si je ne te lave, tu n'auras point de part avec moi.*** Simon Pierre lui dit : Seigneur, non seulement les pieds, mais encore les mains et la tête. Jésus lui dit : celui qui est lavé n'a besoin que de se laver les pieds pour être entièrement pur ; et vous êtes purs, mais non pas tous. Car il connaissait celui qui le livrait ; c'est pourquoi il dit : vous n'êtes pas tous purs. Après qu'il leur eut lavé les pieds, et qu'il eut pris ses vêtements, il se remit à table, et leur dit : comprenez-vous ce que je vous ai fait ? Vous m'appelez Maître et Seigneur ; et vous dites bien, car je le suis. ***Si donc je vous ai lavé les pieds, moi, le Seigneur et le Maître, vous devez aussi vous laver les pieds les uns aux autres ; car je vous ai donné un exemple, afin que vous fassiez comme je vous ai fait.*** En vérité, en vérité, je vous le dis, le serviteur n'est pas plus grand que son seigneur, ni l'apôtre plus grand que celui qui l'a envoyé. Si vous savez ces choses, vous êtes heureux, pourvu que vous les pratiquiez. Ce n'est pas de vous tous que je parle ; je connais ceux que j'ai choisis. Mais il faut que l'Écriture s'accomplisse **(Psaume 41 :9)** *: celui qui mange avec moi le pain a levé son talon contre moi.* Dès à présent je vous le dis, avant que la chose arrive, afin que, lorsqu'elle arrivera, vous croyiez à ce que je suis. En vérité, en vérité, je vous le dis, celui qui reçoit celui que j'aurai envoyé me reçoit, et celui qui me reçoit, reçoit celui qui m'a envoyé. Il leur dit : j'ai désiré vivement manger cette Pâque avec vous, avant de souffrir ; car, je vous le dis, je ne la mangerai plus, jusqu'à ce qu'elle soit accomplie dans le royaume de Dieu. Ayant pris du pain ; et, après avoir rendu grâces, il le rompit, et le leur donna, en disant : ceci est mon corps, qui est donné pour vous ; faites ceci en mémoire de moi. Il prit de même la coupe, après avoir rendu grâces, il la leur donna, en disant : buvez-en tous : cette coupe est la nouvelle alliance en mon sang, qui est répandu pour vous et pour plusieurs, en rémission des péchés ; et ils en burent tous. Car, je vous le dis, je ne boirai plus désormais du fruit de la vigne, jusqu'à ce que le royaume de Dieu soit venu. Ayant ainsi parlé, Jésus fut troublé en son esprit, et il dit expressément : en vérité, en vérité, je vous le dis, la main de celui qui me livre est avec moi à cette table. Ils commencèrent à s'attrister, ne sachant de qui il parlait, demandaient les uns aux autres qui était celui d'entre eux qui ferait cela et à se dire, l'un après l'autre : est-ce moi ? Il leur répondit : c'est l'un des douze, qui met avec moi la main dans le plat. Le Fils de l'homme s'en va selon ce qui est écrit de lui. Mais malheur à l'homme par qui le Fils de l'homme est livré ! Mieux vaudrait pour cet homme qu'il ne fût pas né. Un des disciples, celui que Jésus aimait, était couché sur le sein de Jésus. Simon Pierre lui fit signe de demander qui était celui dont parlait Jésus. Et ce disciple, s'étant penché sur la poitrine de Jésus, lui dit : Seigneur, qui est-ce ? Jésus répondit : c'est celui à qui je donnerai le morceau trempé. Judas, qui le livrait, prit la parole et dit : est-ce moi, rabbi ? Jésus lui répondit : tu l'as dit. Et, ayant trempé le morceau, il le donna à Judas, fils de Simon, l'Iscariot. Dès que le morceau fut donné, Satan entra dans Judas. Jésus lui dit : ce que tu fais, fais-le promptement. Mais aucun de ceux qui étaient à table ne comprit pourquoi il lui disait cela ; car quelques-uns pensaient que, comme Judas avait la bourse, Jésus voulait lui dire : achète ce dont nous avons besoin pour la fête, ou qu'il lui commandait de donner quelque chose aux pauvres. Ainsi, Judas se hâta de sortir. Il était déjà sombre. Lorsque Judas fut sorti, Jésus dit : maintenant, le Fils de l'homme a été glorifié, et Dieu a été glorifié en lui. Si Dieu a été glorifié en lui, Dieu aussi le glorifiera en lui-même, et il le glorifiera bientôt. Vous serez tous scandalisés ; car il est écrit **(Zacharie 13 :7)** : *je frapperai le berger, et les brebis seront dispersées.* Mais, après que je serai ressuscité, je vous précéderai en Galilée. Mes petits-enfants, je suis pour peu de temps encore avec vous. Vous me chercherez ; et, comme j'ai dit aux Juifs ; vous ne pouvez venir où je vais ; je vous le dis aussi maintenant. Simon Pierre lui dit : Seigneur, où vas-tu ? Jésus répondit : tu ne peux pas maintenant me suivre où je vais, mais tu me suivras plus tard. Seigneur, lui dit Pierre, pourquoi ne puis-je pas te suivre maintenant ? Je donnerai ma vie pour toi. Quand tu serais pour tous un scandale, tu ne le seras jamais pour moi. Jésus répondit : tu donneras ta vie pour moi ! En vérité, en vérité, je te le dis, le coq ne chantera pas que tu ne m'aies renié trois fois. Mais Pierre reprit plus fortement : quand il me faudrait mourir avec toi, je ne te renierai pas. Et tous dirent la même chose. ***Le Seigneur dit : Simon, Simon, Satan vous a réclamés, pour vous cribler comme le froment. Mais j'ai prié pour toi, afin que ta foi ne défaille point ; et toi, quand tu seras converti, affermis tes frères.*** Lorsqu'il eut dit ces choses, ils chantèrent des cantiques. Ensuite, Jésus alla avec ses disciples dans un lieu appelé Gethsémané de l'autre côté du torrent du Cédron, où se trouvait un jardin, dans lequel il entra, lui et ses disciples. En chemin, il s'éleva parmi les apôtres une contestation : lequel d'entre eux devait être estimé le plus grand ? Ils arrivèrent à l'endroit, Jésus leur demanda : de quoi discutiez-vous en chemin ? Mais ils gardèrent le silence. Alors Jésus leur dit : les rois des nations les maîtrisent, et ceux qui les dominent sont appelés bienfaiteurs. Qu'il n'en soit pas de même pour vous. Mais que le plus grand parmi vous soit comme le plus petit, et celui qui gouverne comme celui qui sert et si quelqu'un veut être le premier, il sera le dernier de tous. Car quel est le plus grand, celui qui est à table, ou celui qui sert ? N'est-ce pas celui qui est à table ? Et moi, cependant, je suis au milieu de vous comme celui qui sert. Vous, vous êtes ceux qui avez persévéré avec moi dans mes épreuves ; c'est pourquoi je dispose du royaume en votre faveur, comme mon Père en a disposé en ma faveur, afin que vous mangiez et buviez à ma table dans mon royaume, et que vous soyez assis sur des trônes, pour juger les douze tribus d'Israël. Il leur dit encore : quand je vous ai envoyés sans bourse, sans sac, et sans souliers, avez-vous manqué de quelque chose ? Ils répondirent : de rien. Et il leur dit : maintenant, au contraire, que celui qui a une bourse la prenne et que celui qui a un sac le prenne également, que celui qui n'a point d'épée vende son vêtement et achète une épée. Car, je vous le dis, il faut que cette parole qui est écrite s'accomplisse en moi **(Esaïe 53 :12)** : *il a été mis au nombre des malfaiteurs.* Et ce qui me concerne est sur le point d'arriver. Ils dirent : Seigneur, voici deux épées. Et il leur dit : cela suffit. Et leur dit : je vous donne un commandement nouveau : ***aimez-vous les uns les autres. Comme je vous ai aimés, vous aussi, aimez-vous les uns les autres. A ceci tous connaîtront que vous êtes mes disciples, si vous avez de l'amour les uns pour les autres.*** Là-dessus, il dit aux disciples : asseyez-vous ici, pendant que je m'éloignerai pour prier. Il prit avec lui Pierre et les deux fils de Zébédée, et il commença à éprouver de la tristesse et des angoisses. Il leur dit alors : mon âme est triste jusqu'à la mort ; restez ici, et veillez avec moi. Puis il s'éloigna d'eux à la distance d'environ un jet de pierre, et, s'étant mis à genoux, il pria, que s'il était possible, cette heure s'éloignât de lui. ***Il disait : Abba, Père, toutes choses te sont possibles, éloigne de moi cette coupe ! Toutefois, non pas ce que***

je veux, mais ce que tu veux. Alors un ange lui apparut du ciel, pour le fortifier. Étant en agonie, il priait plus instamment, et sa sueur devint comme des grumeaux de sang, qui tombaient à terre. Et il vint vers les disciples, qu'il trouva endormis, et il dit à Pierre : Simon, tu dors ! Tu n'as pu veiller une heure avec moi ! Veillez et priez, afin que vous ne tombiez pas en tentation ; l'esprit est bien disposé, mais la chair est faible. Il s'éloigna une seconde fois, et pria ainsi : mon Père, s'il n'est pas possible que cette coupe s'éloigne sans que je la boive, que ta volonté soit faite ! Il revint, et les trouva encore endormis ; car leurs yeux étaient appesantis. Ils ne surent que lui répondre. Il les quitta, et, s'éloignant, il pria pour la troisième fois, répétant les mêmes paroles. Puis il alla vers ses disciples, et leur dit : vous dormez maintenant, et vous vous reposez ! Voici, l'heure est proche, et le Fils de l'homme est livré aux mains des pécheurs. Levez-vous, allons ; voici, celui qui me livre s'approche. En effet, Judas, qui le livrait, connaissait ce lieu, parce que Jésus et ses disciples s'y étaient souvent réunis. Comme il parlait encore, voici, Judas, l'un des douze, arriva, et avec lui une foule nombreuse armée d'épées et de bâtons, envoyée par les principaux sacrificateurs et par les anciens du peuple. Celui qui le livrait leur avait donné ce signe : celui que je baiserai, c'est lui ; saisissez-le. Jésus, sachant tout ce qui devait lui arriver, s'avança, et leur dit : qui cherchez-vous ? Ils lui répondirent : Jésus de Nazareth. Jésus leur dit : c'est moi. Lorsque Jésus leur eut dit : c'est moi, ils reculèrent et tombèrent par terre. Il leur demanda de nouveau : qui cherchez-vous ? Et ils dirent : Jésus de Nazareth. Aussitôt, Judas s'approchant de Jésus, il dit : salut, rabbi ! Et il le baisa. Jésus lui dit : mon ami, ce que tu es venu faire, fais-le. C'est par un baiser que tu livres le Fils de l'homme ! Jésus dit si donc c'est moi que vous cherchez, laissez aller ceux-ci. Il dit cela, afin que s'accomplît la parole qu'il avait dite : *je n'ai perdu aucun de ceux que tu m'as donnés.* Ceux qui étaient avec Jésus, voyant ce qui allait arriver, dirent : Seigneur, frapperons-nous de l'épée ? Simon Pierre, qui avait une épée, la tira, frappa le serviteur du souverain sacrificateur, et lui coupa l'oreille droite. Ce serviteur s'appelait Malchus. Jésus dit à Pierre : laissez, arrêtez ! Remets ton épée dans le fourreau. Ne boirai-je pas la coupe que mon Père m'a donnée à boire ? Car ***tous ceux qui prendront l'épée périront par l'épée.*** Penses-tu que je ne puisse pas invoquer mon Père, qui me donnerait à l'instant plus de douze légions d'anges ? Comment donc s'accompliraient les Écritures, d'après lesquelles il doit en être ainsi ? Et, ayant touché l'oreille de cet homme, il le guérit. Jésus dit ensuite aux principaux sacrificateurs, aux chefs des gardes du temple, et aux anciens, qui étaient venus contre lui : vous êtes venus, comme après un brigand, avec des épées et des bâtons. J'étais tous les jours avec vous dans le temple, et vous n'avez pas mis la main sur moi. Mais c'est ici votre heure, et la puissance des ténèbres. La cohorte, le tribun, et les huissiers des Juifs, se saisirent alors de Jésus, et le lièrent. Mais tout cela est arrivé afin que les écrits des prophètes fussent accomplis. Alors tous les disciples l'abandonnèrent, et prirent la fuite. Un jeune homme le suivait, n'ayant sur le corps qu'un drap. On se saisit de lui ; mais il lâcha son vêtement, et se sauva tout nu.

140- JÉSUS DEVANT LE SANHEDRIN

Après avoir arrêté Jésus, ils l'emmenèrent chez le souverain sacrificateur Caïphe, où les scribes et les anciens étaient assemblés. Et Caïphe était celui qui avait donné ce conseil aux Juifs : il est avantageux qu'un seul homme meure pour le peuple. Simon Pierre, avec un autre disciple, suivait Jésus pour voir comment cela finirait. Ce disciple était connu du souverain sacrificateur, et il entra avec Jésus dans la cour du souverain sacrificateur ; mais Pierre resta dehors près de la porte. L'autre disciple, qui était connu du souverain sacrificateur, sortit, parla à la portière, et fit entrer Pierre. Alors la servante, fixa sur lui les regards, et dit à Pierre : toi aussi, n'es-tu pas des disciples de cet homme ? Mais il le nia disant : femme, je ne le connais pas. Les serviteurs et les huissiers, qui étaient là, avaient allumé un feu, car il faisait froid, et ils se chauffaient. Pierre se tenait avec eux, et se chauffait également. Le souverain sacrificateur interrogea Jésus sur ses disciples et sur sa doctrine. Jésus lui répondit : j'ai parlé ouvertement au monde ; j'ai toujours enseigné dans la synagogue et dans le temple, où tous les Juifs s'assemblent, et je n'ai rien dit en secret. Pourquoi m'interroges-tu ? Interroge sur ce que je leur ai dit ceux qui m'ont entendu ; voici, ceux-là savent ce que j'ai dit. A ces mots, un des huissiers, qui se trouvait là, donna un soufflet à Jésus, en disant : est-ce ainsi que tu réponds au souverain sacrificateur ? Jésus lui dit : si j'ai mal parlé, fais voir ce que j'ai dit de mal ; et si j'ai bien parlé, pourquoi me frappes-tu ? Quant à Simon Pierre, pendant qu'il était là, et se chauffait. Voici un des serviteurs du souverain sacrificateur, parent de celui à qui il avait coupé l'oreille, dit : ne t'ai-je pas vu avec lui dans le jardin ? Certainement cet homme était aussi avec lui, car il est Galiléen. Pierre répondit : homme, je ne sais ce que tu dis. Comme il se dirigeait vers la porte, une autre servante le vit, et dit à ceux qui se trouvaient là ; Celui-ci était aussi avec Jésus de Nazareth. Alors, il commença à faire des imprécations et à jurer : je ne connais pas cet homme dont vous parlez. Aussitôt, le coq chanta. Le Seigneur, s'étant retourné, regarda Pierre. Et Pierre se souvint de la parole que le Seigneur lui avait dite : avant que le coq chante aujourd'hui, tu me renieras trois fois. Puis il sortit pour aller dans le vestibule *(pièce qui sert de passage pour aller aux autres pièces)* il pleura amèrement. Les hommes qui tenaient Jésus se moquaient de lui, et le frappaient. Ils lui voilèrent le visage, et ils l'interrogeaient, en disant : devine qui t'a frappé. Et ils proféraient contre lui beaucoup d'autres injures. Ils conduisirent Jésus de chez Caïphe au prétoire *(salle d'audience)* : c'était le matin. Ils n'entrèrent point eux-mêmes dans le prétoire, afin de ne pas se souiller, et de pouvoir manger la Pâque. Les principaux sacrificateurs et tout le sanhédrin cherchaient quelque faux témoignage contre Jésus, suffisant pour le faire mourir. Mais ils n'en trouvèrent point, quoique plusieurs faux témoins se fussent présentés. Enfin, il en vint deux, qui dirent : celui-ci a dit : je détruirai ce temple fait de main d'homme, et en trois jours j'en bâtirai un autre qui ne sera pas fait de main d'homme. Même sur ce point-là leur témoignage ne s'accordait pas. Le souverain sacrificateur se leva, et lui dit : ne réponds-tu rien ? Qu'est-ce que ces hommes déposent contre toi ? Jésus garda le silence. Et le souverain sacrificateur, prenant la parole, lui dit : je t'adjure, par le Dieu vivant, de nous dire si tu es le Christ, le Fils de Dieu. Jésus garda le silence, et ne répondit rien. Le souverain sacrificateur l'interrogea de nouveau, et lui dit : es-tu le Christ, le Fils du Dieu béni ? Jésus leur répondit : si je vous le dis, vous ne le croirez pas ; et, si je vous interroge, vous ne répondrez pas. Désormais le Fils de l'homme sera assis à la droite de la puissance de Dieu et venant sur les nuées du ciel. Tous dirent : tu es donc le Fils de Dieu ? Et il leur répondit : vous le dites, je le suis. Alors le souverain sacrificateur déchira ses vêtements, disant : il a blasphémé ! Qu'avons-nous encore besoin de témoins ? Voici, vous venez d'entendre son blasphème. Nous l'avons entendu nous-mêmes de sa bouche. Que vous en semble ? Ils répondirent : il mérite la mort. Là-dessus, ils lui crachèrent au visage, et lui donnèrent des coups de poing et des soufflets.

141- LE REGRET ET LA MORT DE JUDAS

Ils se levèrent tous, et ils conduisirent Jésus devant Pilate, le gouverneur. Alors Judas, qui l'avait livré, voyant qu'il était condamné, se repentit, et rapporta les trente pièces d'argent aux principaux sacrificateurs et aux anciens, en disant : j'ai péché, en livrant le sang innocent. ***Ils répondirent : que nous importe ? Cela te regarde***. Judas jeta les pièces d'argent dans le temple, se retira, et alla se pendre. Les principaux sacrificateurs les ramassèrent, et dirent : il n'est pas permis de les mettre dans le trésor sacré, puisque c'est le prix du sang. Et, après en avoir délibéré, ils achetèrent avec cet argent le champ du potier, pour la sépulture des étrangers. C'est pourquoi ce champ a été appelé champ du sang, jusqu'à ce jour. Alors s'accomplit ce qui avait été annoncé par Jérémie, le prophète *: ils ont pris les trente pièces d'argent, la valeur de celui qui a été estimé, de la part des enfants d'Israël ; et ils les ont données pour le champ du potier, comme le Seigneur me l'avait ordonné* **(Zacharie 11 :12-13).**

142- JÉSUS DEVANT PILATE

Pilate sortit donc pour aller à eux, et il dit : quelle accusation portez-vous contre cet homme ? Ils lui répondirent : si ce n'était pas un malfaiteur, nous ne te l'aurions pas livré. Ils se mirent à l'accuser, disant : nous avons trouvé cet homme excitant notre nation à la révolte, empêchant de payer le tribut à César, et se disant lui-même Christ, roi. Sur quoi Pilate leur dit : prenez-le-vous-mêmes, et jugez-le selon votre loi. Les Juifs lui dirent : il ne nous est pas permis de mettre personne à mort. C'était afin que s'accomplît la parole que Jésus avait dite, lorsqu'il indiqua de quelle mort il devait mourir. Pilate rentra dans le prétoire, appela Jésus, et lui dit : es-tu le roi des Juifs ? Jésus répondit : est-ce de toi-même que tu dis cela, ou d'autres te l'ont-ils dit de moi ? Pilate répondit : Moi, suis-je Juif ? Ta nation et les principaux sacrificateurs t'ont livré à moi : qu'as-tu fait ? Mon royaume n'est pas de ce monde, répondit Jésus. Si mon royaume était de ce monde, mes serviteurs auraient combattu pour moi afin que je ne fusse pas livré aux Juifs ; mais maintenant mon royaume n'est point d'ici-bas. Pilate lui dit : tu es donc roi ? Jésus répondit : tu le dis, je suis roi. ***Je suis né et je suis venu dans le monde pour rendre témoignage à la vérité. Quiconque est de la vérité écoute ma voix.*** Pilate lui dit : qu'est-ce que la vérité ? Après avoir dit cela, il sortit de nouveau pour aller vers les Juifs, et il leur dit : je ne trouve aucun crime en lui. Pilate dit aux principaux sacrificateurs et à la foule : je ne trouve rien de coupable en cet homme. Mais ils insistèrent, et dirent : il soulève le peuple, en enseignant par toute la Judée, depuis la Galilée, où il a commencé, jusqu'ici. Quand Pilate entendit parler de la Galilée, il demanda si cet homme était Galiléen ; et, ayant appris qu'il était de la juridiction d'Hérode, il le renvoya à Hérode, qui se trouvait aussi à Jérusalem en ces jours-là.

143- JÉSUS DEVANT HÉRODE

Lorsqu'Hérode vit Jésus, il en eut une grande joie ; car depuis longtemps, il désirait le voir, à cause de ce qu'il avait entendu dire de lui, et il espérait qu'il le verrait faire quelque miracle. Il lui adressa beaucoup de questions ; mais Jésus ne lui répondit rien. Les principaux sacrificateurs et les scribes étaient là, et l'accusaient avec violence. Hérode, avec ses gardes, le traita avec mépris ; et, après s'être moqué de lui et l'avoir revêtu d'un habit éclatant, il le renvoya à Pilate. Ce jour même, Pilate et Hérode devinrent amis, d'ennemis qu'ils étaient auparavant.

144- JÉSUS A NOUVEAU DEVANT PILATE

Pilate, ayant assemblé les principaux sacrificateurs, les magistrats, et le peuple, leur dit : vous m'avez amené cet homme comme excitant le peuple à la révolte. Et voici, je l'ai interrogé devant vous, et je ne l'ai trouvé coupable d'aucune des choses dont vous l'accusez ; Hérode non plus, car il nous l'a renvoyé, et voici, cet homme n'a rien fait qui soit digne de mort. Je le relâcherai donc, après l'avoir fait battre de verges. Les principaux sacrificateurs portaient contre lui plusieurs accusations. Pilate l'interrogea de nouveau : ne réponds-tu rien ? Vois de combien de choses ils t'accusent. Et Jésus ne fit plus aucune réponse, ce qui étonna Pilate. A chaque fête, le gouverneur avait coutume de relâcher un prisonnier, celui que demandait la foule. Il y avait en prison un nommé Barabbas avec ses complices, pour un meurtre qu'ils avaient commis dans une sédition. La foule, étant montée, se mit à demander ce qu'il avait coutume de leur accorder. Mais, comme c'est parmi vous une coutume que je vous relâche quelqu'un à la fête de Pâque, voulez-vous que je vous relâche le roi des Juifs ? Car il savait que c'était par envie que les principaux sacrificateurs l'avaient livré. Mais les chefs des sacrificateurs excitèrent la foule, afin que Pilate leur relâchât plutôt Barabbas. Alors de nouveau tous s'écrièrent : non pas lui, mais Barabbas. Or, Barabbas était un brigand. Pilate, reprenant la parole, leur dit : que voulez-vous donc que je fasse de celui que vous appelez le roi des Juifs ? Ils crièrent de nouveau : crucifie-le ! Pilate leur dit pour la troisième fois : quel mal a-t-il fait ? Je n'ai rien trouvé en lui qui mérite la mort. Je le relâcherai donc, après l'avoir fait battre de verges. Mais ils insistèrent à grands cris, demandant qu'il fût crucifié. Et leurs cris l'emportèrent : Pilate prononça que ce qu'ils demandaient serait fait. Il relâcha celui qui avait été mis en prison pour sédition et pour meurtre, et qu'ils réclamaient ; et il livra Jésus à leur volonté. Pilate leur dit : que ferai-je donc de Jésus, qu'on appelle Christ ? Tous répondirent : qu'il soit crucifié ! Le gouverneur dit : mais quel mal a-t-il fait ? Et ils crièrent encore plus fort : qu'il soit crucifié ! Pilate, voyant qu'il ne gagnait rien, mais que le tumulte augmentait, prit de l'eau, se lava les mains en présence de la foule, et dit : je suis innocent du sang de ce juste. Cela vous regarde. Et tout le peuple répondit : ***que son sang retombe sur nous et sur nos enfants !*** Alors Pilate leur relâcha Barabbas ; et, après avoir fait battre de verges Jésus, il le livra pour être crucifié. Les soldats du gouverneur conduisirent Jésus dans le prétoire, et ils assemblèrent autour de lui toute la cohorte. Ils lui ôtèrent ses vêtements, et le couvrirent d'un manteau écarlate. Ils tressèrent une couronne d'épines, qu'ils posèrent sur sa tête, et ils lui mirent un roseau dans la main droite ; puis, s'agenouillant devant lui, ils le raillaient, et fléchissant les genoux, ils se prosternaient devant lui en disant : salut, roi des Juifs ! Et ils crachaient contre lui, prenaient le roseau, et frappaient sur sa tête **(Esaïe 50 :6).** Après s'être ainsi moqués de lui, ils lui ôtèrent le manteau, lui remirent ses vêtements, et l'emmenèrent pour le crucifier. Lorsque les principaux sacrificateurs et les huissiers le virent, ils s'écrièrent : crucifie-le ! Crucifie-le ! Pilate leur dit : prenez-le-vous-mêmes, et crucifiez-le ; car moi, je ne trouve point de crime en lui. Les Juifs lui répondirent : nous avons une loi ; et, selon notre loi, ***il doit mourir, parce qu'il s'est fait Fils de Dieu. Quand Pilate entendit cette parole, sa frayeur augmenta.*** Il rentra dans le prétoire, et il dit à Jésus : d'où es-tu ? Mais Jésus ne lui donna point de réponse. Pilate lui dit : est-ce à moi que tu ne parles pas ? Ne sais-tu pas que j'ai le pouvoir de te crucifier, et que j'ai le pouvoir de te relâcher ? Jésus répondit : ***tu n'aurais sur moi aucun pouvoir, s'il ne t'avait été donné d'en haut.*** C'est pourquoi celui qui me livre à toi commet un plus grand péché. Dès ce moment, Pilate cherchait à le relâcher. Mais les Juifs criaient : ***si tu le relâches, tu n'es pas ami de César. Quiconque se fait roi se déclare contre César. Pilate, ayant entendu ces paroles, amena Jésus dehors*** ; et il s'assit sur le tribunal, au lieu appelé le Pavé, et en hébreu Gabbatha. C'était la préparation de la Pâque, et environ la sixième heure. Pilate dit aux Juifs : voici votre roi. Mais ils s'écrièrent : ôte, ôte, crucifie-le ! Pilate leur dit : crucifierai-je votre roi ? Les principaux sacrificateurs répondirent : nous n'avons de roi que César.

145- CRUCIFIXION DE JÉSUS

Alors il le leur livra pour être crucifié. Ils prirent donc Jésus, et l'emmenèrent. Comme ils l'emmenaient, ils rencontrèrent un homme de Cyrène appelé Simon, père d'Alexandre et de Rufus ; et ils le forcèrent à porter la croix de Jésus. Il était suivi d'une grande multitude des gens du peuple, et de femmes qui se frappaient la poitrine et se lamentaient sur lui. Jésus se tourna vers elles, et dit : filles de Jérusalem, ne pleurez pas sur moi ; mais pleurez sur vous et sur vos enfants. ***Car voici, des jours viendront où l'on dira : heureuses les stériles, heureuses les entrailles qui n'ont point enfanté, et les mamelles qui n'ont point allaité !*** Alors ils se mettront à dire aux montagnes : tombez sur nous ! Et aux collines : couvrez-nous ! Car, si l'on fait ces choses au bois vert, qu'arrivera-t-il au bois sec ? On conduisait en même temps deux malfaiteurs, qui devaient être mis à mort avec Jésus. Lorsqu'ils furent arrivés au lieu nommé Golgotha, ce qui signifie lieu du crâne, ils le crucifièrent là, Pilate fit une inscription, qu'il plaça sur la croix, et qui était ainsi conçue : Jésus de Nazareth, roi des Juifs. Beaucoup de Juifs lurent cette inscription, parce que le lieu où Jésus fut crucifié était près de la ville : elle était en hébreu, en grec et en latin. Les principaux sacrificateurs des Juifs dirent à Pilate : n'écris pas : roi des Juifs. Mais écris qu'il a dit : je suis roi des Juifs. Pilate répondit : ce que j'ai écrit, je l'ai écrit. Jésus dit : Père, pardonne-leur, car ils ne savent ce qu'ils font. Les soldats, après avoir crucifié Jésus, prirent ses vêtements, et ils en firent quatre parts, une part pour chaque soldat. Ils prirent aussi sa tunique, qui était sans couture, d'un seul tissu depuis le haut jusqu'en bas. Et ils dirent entre eux : ne la déchirons pas, mais tirons au sort à qui elle sera. Cela arriva afin que s'accomplît cette parole de l'Écriture **(Psaume 22 :17-18)** : *ils se sont partagé mes vêtements, et ils ont tiré au sort ma tunique.* Voilà ce que firent les soldats. Le peuple se tenait là, et regardait. Les soldats aussi se moquaient de lui ; s'approchant et lui présentant du vinaigre. Ils crucifièrent avec lui deux brigands, l'un à sa droite, l'autre à sa gauche et Jésus au milieu. Ainsi fut accompli ce que dit l'Écriture **(Esaïe 53 :1-10)** *: il a été mis au nombre des malfaiteurs.* Les passants l'injuriaient, et secouaient la tête, en disant : hé ! Toi qui détruis le temple, et qui le rebâtis en trois jours, si tu es le Fils de Dieu, sauve-toi toi-même ! Et descends de la croix ! Les principaux sacrificateurs, avec les scribes et les anciens, se moquaient aussi de lui, et disaient : il a sauvé les autres, et il ne peut se sauver lui-même ! ***S'il est roi d'Israël, le Christ, l'élu de Dieu, qu'il descende de la croix, et nous croirons en lui. Il s'est confié en Dieu ; que Dieu le délivre maintenant, s'il l'aime. Car il a dit : je suis Fils de Dieu.*** L'un des malfaiteurs crucifiés l'injuriait, disant : n'es-tu pas le Christ ? Sauve-toi toi-même, et sauve-nous ! Mais l'autre le reprenait, et disait : ne crains-tu pas Dieu, toi qui subis la même condamnation ? Pour nous, c'est justice, car nous recevons ce qu'ont mérité nos crimes ; mais celui-ci n'a rien fait de mal. Et il dit à Jésus : souviens-toi de moi, quand tu viendras dans ton règne. Jésus lui répondit : je te le dis en vérité, aujourd'hui tu seras avec moi dans le paradis. Près de la croix de Jésus se tenaient sa mère et la sœur de sa mère, Marie, femme de Clopas, et Marie de Magdala. ***Jésus, voyant sa mère, et auprès d'elle le disciple qu'il aimait, dit à sa mère : femme, voilà ton fils. Puis il dit au disciple : voilà ta mère. Et, dès ce moment, le disciple la prit chez lui.*** Après cela, Jésus, qui savait que tout était déjà consommé, dit, afin que l'Écriture fût accomplie **(Psaume 69 :22)** *: j'ai soif.* Il y avait là un vase plein de vinaigre. Les soldats en remplirent une éponge, et, l'ayant fixée à une branche d'hysope, ils l'approchèrent de sa bouche. Il était déjà environ la sixième heure *(12h à midi),* et il y eut des ténèbres sur toute la terre, jusqu'à la neuvième heure *(03h de l'après-midi).* Le soleil s'obscurcit, et le voile du temple se déchira en deux par le milieu, depuis le haut jusqu'en bas. La terre trembla, les rochers se fendirent, les sépulcres s'ouvrirent, et plusieurs corps des saints qui étaient morts ressuscitèrent. Jésus s'écria d'une voix forte : Éloï, Éloï, lama sabachthani ? Ce qui signifie : mon Dieu, mon Dieu, pourquoi m'as-tu abandonné ? Quelques-uns de ceux qui étaient là, l'ayant entendu, dirent : voici, il appelle Élie. Le centenier et ceux qui étaient avec lui pour garder Jésus, ayant vu le tremblement de terre et ce qui venait d'arriver, furent saisis d'une grande frayeur, et dirent : assurément, cet homme était Fils de Dieu. Et tous ceux qui assistaient en foule à ce spectacle, après avoir vu ce qui était arrivé, s'en retournèrent, se frappant la poitrine. Il y avait aussi des femmes qui regardaient de loin. Parmi elles étaient Marie de Magdala, Marie, mère de Jacques le mineur et de Joses, et Salomé, qui le suivaient et le servaient lorsqu'il était en Galilée, et plusieurs autres qui étaient montées avec lui à Jérusalem. Quand Jésus eut pris le vinaigre, il dit : tout est accompli. Et ayant poussé un grand cri, et baissant la tête, il rendit l'esprit. Dans la crainte que les corps ne restassent sur la croix pendant le sabbat, car c'était la préparation, et ce jour de sabbat était un grand jour, les Juifs demandèrent à Pilate qu'on rompît les jambes aux crucifiés, et qu'on les enlevât. Les soldats vinrent donc, et ils rompirent les jambes au premier, puis à l'autre qui avait été crucifié avec lui. ***S'étant approchés de Jésus, et le voyant déjà mort, ils ne lui rompirent pas les jambes ; mais un des soldats lui perça le côté avec une lance, et aussitôt il sortit du sang et de l'eau. Celui qui l'a vu en a rendu témoignage, et son témoignage est vrai ; et il sait qu'il dit vrai, afin que vous croyiez aussi.*** Ces choses sont arrivées, afin que l'Écriture fût accomplie **(Psaume 34 :21)** *: aucun de ses os ne sera brisé.* Et ailleurs, l'Écriture dit encore **(Zacharie 12 :10)** : *ils verront celui qu'ils ont percé.* Après cela, le soir étant venu, comme c'était la préparation, c'est-à-dire, la veille du sabbat, arriva ***Joseph d'Arimathée, conseiller de distinction, qui lui-même attendait aussi le royaume de Dieu. Il osa se rendre vers Pilate, pour demander le corps de Jésus. Pilate s'étonna qu'il fût mort si tôt*** ; fit venir le centenier et lui demanda s'il était mort depuis longtemps. S'en étant assuré par le centenier, il donna le corps à Joseph. Nicodème, qui auparavant était allé de nuit vers Jésus, vint aussi, apportant un mélange d'environ cent livres de myrrhe et d'aloès. Ils prirent donc le corps de Jésus, et l'enveloppèrent de bandes, avec les aromates, comme c'est la coutume d'ensevelir chez les Juifs. Or, il y avait un jardin dans le lieu où Jésus avait été crucifié, et dans le jardin un sépulcre neuf, où personne encore n'avait été mis. Et Joseph, ayant acheté un linceul, l'enveloppa du linceul, et le déposa dans un sépulcre taillé dans le roc. Puis il roula une pierre à l'entrée du sépulcre. Les femmes qui étaient venues de la Galilée avec Jésus accompagnèrent Joseph, virent le sépulcre et la manière dont le corps de Jésus y fut déposé, c'était Marie de Magdala, et Marie, mère de Joses, regardaient où on le mettait ; et, s'en étant retournées, afin de préparer des aromates et des parfums. Puis elles se reposèrent le jour du sabbat, selon la loi. Le lendemain, qui était le jour après la préparation, les principaux sacrificateurs et les pharisiens allèrent ensemble auprès de Pilate, et dirent : Seigneur, nous nous souvenons que cet imposteur a dit, quand il vivait encore : près trois jours je ressusciterai. Ordonne donc que le sépulcre soit gardé jusqu'au troisième jour, afin que ses disciples ne viennent pas dérober le corps, et dire au peuple : il est ressuscité des morts. Cette dernière imposture serait pire que la première. Pilate leur dit : vous avez une garde ; allez, gardez-le comme vous l'entendrez. Ils s'en allèrent, et s'assurèrent du sépulcre au moyen de la garde, après avoir scellé la pierre.

146- RÉSURRECTION DE JÉSUS

Après le sabbat, à l'aube du premier jour de la semaine, Marie de Magdala et l'autre Marie alla voir le sépulcre. Elles disaient entre elles : qui nous roulera la pierre loin de l'entrée du sépulcre ? Et voici, il y eut un grand tremblement de terre ; car un ange du Seigneur descendit du ciel, vint rouler la pierre. Et, levant les yeux, elles aperçurent que la pierre, qui était très grande, avait été roulée. Elles entrèrent dans le sépulcre et ne trouvait plus le corps de Jésus. Comme elles ne savaient que penser de cela, voici, deux hommes leur apparurent, en habits resplendissants ayant aspect comme l'éclair, et leurs vêtements blancs comme la neige. Saisies de frayeur, elles baissèrent le visage contre terre ; mais ils leur dirent : pourquoi cherchez-vous parmi les morts celui qui est vivant ? Il n'est point ici, mais il est ressuscité. Souvenez-vous de quelle manière il vous a parlé, lorsqu'il était encore en Galilée, et qu'il disait : il faut que le Fils de l'homme soit livré entre les mains des pécheurs, qu'il soit crucifié, et qu'il ressuscite le troisième jour. Et elles se ressouvinrent des paroles de Jésus. Mais allez dire à ses disciples et à Pierre qu'il vous précède en Galilée : c'est là que vous le verrez, comme il vous l'a dit. Ces anges étaient assis à la place où le corps de Jésus avait été couché, l'un à la tête, l'autre aux pieds. Les gardes tremblèrent de peur, et devinrent comme morts. Elles s'éloignèrent promptement du sépulcre, avec crainte et avec une grande joie, et elles coururent porter la nouvelle aux disciples. Pendant qu'elles étaient en chemin, quelques hommes de la garde entrèrent dans la ville, et ***annoncèrent aux principaux sacrificateurs tout ce qui était arrivé. Ceux-ci, après s'être assemblés avec les anciens et avoir tenu conseil, donnèrent aux soldats une forte somme d'argent, en disant : dites que ses disciples sont venus de nuit le dérober, pendant que nous dormions.*** Et si le gouverneur l'apprend, nous l'apaiserons, et nous vous tirerons de peine. Les soldats prirent l'argent, et suivirent les instructions qui leur furent données. Et ce bruit s'est répandu parmi les Juifs, jusqu'à ce jour. Quant-aux femmes, elles coururent vers Simon Pierre et vers l'autre disciple que Jésus aimait, et leur dit : ils ont enlevé du sépulcre le Seigneur, et nous ne savons où ils l'ont mis. Mais ils tinrent ces discours pour des rêveries, et ils ne crurent pas ces femmes. Pierre et l'autre disciple sortirent, et allèrent au sépulcre. ***Ils couraient tous deux ensembles. Mais l'autre disciple courut plus vite que Pierre, et arriva le premier au sépulcre ; s'étant baissé, il vit les bandes qui étaient à terre, cependant il n'entre pas. Simon Pierre, qui le suivait, arriva et entra dans le sépulcre*** ; il vit les bandes qui étaient à terre, et le linge qu'on avait mis sur la tête de Jésus, non pas avec les bandes, mais plié dans un lieu à part. Alors l'autre disciple, qui était arrivé le premier au sépulcre, entra aussi ; et il vit, et il crut. Car ils ne comprenaient pas encore que, selon l'Écriture, Jésus devait ressusciter des morts. Et les disciples s'en retournèrent chez eux. En ce temps, Marie se tenait dehors près du sépulcre, et pleurait. Comme elle pleurait, elle se baissa pour regarder dans le sépulcre, quelqu'un lui dit : femme, pourquoi pleures-tu ? Elle répondit : parce qu'ils ont enlevé mon Seigneur, et je ne sais où ils l'ont mis. En disant cela, elle se retourna, et elle vit Jésus debout ; mais elle ne savait pas que c'était Jésus. Jésus lui dit : ***femme, pourquoi pleures-tu ? Qui cherches-tu ? Elle, pensant que c'était le jardinier, lui dit : Seigneur, si c'est toi qui l'as emporté, dis-moi où tu l'as mis, et je le prendrai. Jésus lui dit : Marie ! Elle se retourna***, et lui dit en hébreu : rabbouni ! C'est-à-dire, Maître ! Jésus lui dit : ne me touche pas ; car je ne suis pas encore monté vers mon Père. ***Mais va trouver mes frères, et dis-leur que je monte vers mon Père et votre Père, vers mon Dieu et votre Dieu.*** Marie de Magdala alla annoncer aux disciples qu'elle avait vu le Seigneur, et qu'il lui avait dit ces choses.

147- APPARITION SUR LE CHEMIN EMMAÜS

Et voici, ce même jour, deux disciples allaient à un village nommé Emmaüs, éloigné de Jérusalem de soixante stades *(11100m car 1stade=185)* ; et ils s'entretenaient de tout ce qui s'était passé. Pendant qu'ils parlaient et discutaient, Jésus s'approcha, et fit route avec eux. Mais leurs yeux étaient empêchés de le reconnaître. Il leur dit : de quoi vous entretenez-vous en marchant, pour que vous soyez tout tristes ? L'un d'eux, nommé Cléopas, lui répondit : es-tu le seul qui, séjournant à Jérusalem ne sache pas ce qui y est arrivé ces jours- ci. Quoi ? leur dit-il. Et ils lui répondirent : ***ce qui est arrivé au sujet de Jésus de Nazareth, qui était un prophète puissant en œuvres et en paroles devant Dieu et devant tout le peuple***, et comment les principaux sacrificateurs et nos magistrats l'on livré pour le faire condamner à mort et l'ont crucifié. Nous espérions que ce serait lui qui délivrerait Israël ; mais avec tout cela, voici le troisième jour que ces choses se sont passées. Il est vrai que quelques femmes d'entre nous nous ont fort étonnés ; s'étant rendues de grand matin au sépulcre et n'ayant pas trouvé son corps, elles sont venues dire que des anges leurs sont apparus et ont annoncé qu'il est vivant. Quelques-uns de ceux qui étaient avec nous sont allés au sépulcre, et ils ont trouvé les choses comme les femmes l'avaient dit ; mais lui, ils ne l'ont point vu. Alors Jésus leur dit : ô hommes sans intelligence, et dont le cœur est lent à croire. Tout ce qu'ont dit les prophètes ! Ne fallait-il pas que le Christ souffrît ces choses, et qu'il entrât dans sa gloire ? Et, commençant par Moïse et par tous les prophètes, il leur expliqua dans toutes les Écritures ce qui le concernait. Lorsqu'ils furent près du village où ils allaient, il parut vouloir aller plus loin. Mais ils le pressèrent, en disant : reste avec nous, car le soir approche, le jour est sur son déclin. Et il entra, pour rester avec eux. Pendant qu'il était à table avec eux, il prit le pain ; et, après avoir rendu grâces, il le rompit, et le leur donna. Alors leurs yeux s'ouvrirent, et ils le reconnurent ; mais il disparut de devant eux. Et ils se dirent l'un à l'autre : ***notre cœur ne brûlait-il pas au dedans de nous, lorsqu'il nous parlait en chemin et nous expliquait les Écritures ?*** Se levant à l'heure même, ils retournèrent à Jérusalem, et ils trouvèrent les onze, et ceux qui étaient avec eux, assemblés et disant : le Seigneur est réellement ressuscité, et il nous est apparu. Mais ils ne les crurent pas.

148- APPARITION AUX DISCIPLES SANS THOMAS

Et ils racontèrent ce qui leur étaient arrivé en chemin, et comment ils l'avaient reconnu au moment où il rompit le pain. En effet, c'était le soir de ce jour, qui était le premier de la semaine, les portes du lieu où se trouvaient les disciples était fermées, à cause de la crainte qu'ils avaient des Juifs. Tandis qu'ils parlaient de la sorte, lui-même se présenta au milieu d'eux, et leur dit : la paix soit avec vous ! Saisis de frayeur et d'épouvante, ils croyaient voir un esprit. Mais il leur dit : pourquoi êtes-vous troublés, et pourquoi pareilles pensées s'élèvent-elles dans vos cœurs ? Voyez mes mains et mes pieds, c'est bien moi ; touchez-moi et voyez : un esprit n'a ni chair ni os, comme vous voyez que j'ai. Et en disant cela, il leur montra ses mains et ses pieds. Comme, dans leur joie, ils ne croyaient point encore, et qu'ils étaient dans l'étonnement, il leur dit : avez-vous ici quelque chose à manger ? Ils lui présentèrent du poisson rôti et un rayon de miel. Il en prit, et il mangea devant eux. Puis il leur dit : c'est là ce que je vous disais lorsque j'étais encore avec vous, qu'il fallait que s'accomplît tout ce qui est écrit de moi dans la loi de Moïse, dans les prophètes, et dans les psaumes. Alors il leur ouvrit l'esprit, afin qu'ils comprissent les Écritures. Et il leur dit : ainsi il est écrit que le Christ souffrirait, et qu'il ressusciterait des morts le troisième jour, et que la repentance et le pardon des péchés seraient prêchés en son nom à toutes les nations, à commencer par Jérusalem. Vous êtes témoins de ces choses. ***Et voici, j'enverrai sur vous ce que mon Père a promis ; mais vous, restez dans la ville jusqu'à ce que vous soyez revêtus de la puissance d'en haut.*** Thomas, appelé Didyme, l'un des douze, n'était pas avec eux lorsque Jésus vint. À son retour, les autres disciples lui dirent donc : nous avons vu le Seigneur. Mais il leur dit : ***si je ne vois dans ses mains la marque des clous, et si je ne mets mon doigt dans la marque des clous, et si je ne mets ma main dans son côté, je ne croirai point.***

149- APPARITION AUX DISCIPLES AVEC THOMAS

Huit jours après, les disciples de Jésus étaient de nouveau dans la maison, et Thomas se trouvait avec eux. Jésus vint, les portes étant fermées, se présenta au milieu d'eux, et dit : la paix soit avec vous ! Puis il dit à Thomas : avance ici ton doigt, et regarde mes mains ; avance aussi ta main, et mets-la dans mon côté ; et ne sois pas incrédule, mais crois. Thomas lui répondit : mon Seigneur et mon Dieu ! Jésus lui dit : parce que tu m'as vu, tu as cru. Heureux ceux qui n'ont pas vu, et qui ont cru ! Jésus a fait encore, en présence de ses disciples, beaucoup d'autres miracles, qui ne sont pas écrits dans ce livre. Mais ces choses ont été écrites afin que vous croyiez que Jésus est le Christ, le Fils de Dieu, et qu'en croyant vous ayez la vie en son nom.

150- L'APPARITION AU BORD DU LAC

Après cela, Jésus se montra encore aux disciples, sur les bords de la mer de Tibériade. Et voici de quelle manière il se montra. Simon Pierre, Thomas, Nathanaël, de Cana en Galilée, les fils de Zébédée, et deux autres disciples de Jésus, étaient ensemble. ***Simon Pierre leur dit : je vais pêcher. Ils lui dirent : nous allons aussi avec toi. Ils sortirent et montèrent dans une barque, et cette nuit-là ils ne prirent rien.*** Le matin étant venu, Jésus se trouva sur le rivage ; mais les disciples ne savaient pas que c'était lui. Jésus leur dit : enfants, n'avez-vous rien à manger ? Ils lui répondirent : non. Il leur dit : jetez le filet du côté droit de la barque, et vous trouverez. Ils le jetèrent donc, et ils ne pouvaient plus le retirer, à cause de la grande quantité de poissons. Alors le disciple que Jésus aimait dit à Pierre : c'est le Seigneur ! Et Simon Pierre, dès qu'il eut entendu que c'était le Seigneur, mit son vêtement et sa ceinture, car il était nu, et se jeta dans la mer. Les autres disciples vinrent avec la barque, tirant le filet plein de poissons, car ils n'étaient éloignés de terre que d'environ deux cents coudées *(90m car 1courdée=45cm).* ***Lorsqu'ils furent descendus à terre, ils virent là des charbons allumés, du poisson dessus,*** et du pain. Jésus leur dit : apportez des poissons que vous venez de prendre. ***Simon Pierre monta dans la barque, et tira à terre le filet plein de cent cinquante-trois grands poissons ; et quoiqu'il y en eût tant, le filet ne se rompit point.*** Jésus leur dit : venez, mangez. ***Et aucun des disciples n'osait lui demander : qui es-tu ? Sachant que c'était le Seigneur.*** Jésus s'approcha, prit le pain, et leur en donna ; il fit de même du poisson. C'était déjà la troisième fois que Jésus se montrait à ses disciples depuis qu'il était ressuscité des morts. Après qu'ils eurent mangé, Jésus dit à Simon Pierre : Simon, fils de Jonas, m'aimes-tu plus que ne m'aiment ceux- ci ? Il lui répondit : oui, Seigneur, tu sais que je t'aime. Jésus lui dit : pais mes agneaux. Il lui dit une seconde fois : Simon, fils de Jonas, m'aimes-tu ? Pierre lui répondit : oui, Seigneur, tu sais que je t'aime. Jésus lui dit : pais mes brebis. Il lui dit pour la troisième fois : Simon, fils de Jonas, m'aimes-tu ? Pierre fut attristé de ce qu'il lui avait dit pour ***la troisième fois : m'aimes-tu ? Et il lui répondit : Seigneur, tu sais toutes choses, tu sais que je t'aime. Jésus lui dit : pais mes***

brebis. En vérité, en vérité, je te le dis, quand tu étais plus jeune, tu te ceignais toi-même, et tu allais où tu voulais ; mais quand tu seras vieux, tu étendras tes mains, et un autre te ceindra, et te mènera où tu ne voudras pas. Il dit cela pour indiquer par quelle mort Pierre glorifierait Dieu. Et ayant ainsi parlé, il lui dit : suis-moi. Pierre, s'étant retourné, vit venir après eux le disciple que Jésus aimait, celui qui, pendant le souper, s'était penché sur la poitrine de Jésus, et avait dit : Seigneur, qui est celui qui te livre ? ***En le voyant, Pierre dit à Jésus : et celui-ci, Seigneur, que lui arrivera-t-il ? Jésus lui dit : si je veux qu'il demeure jusqu'à ce que je vienne, que t'importe ? Toi, suis-moi.*** Là-dessus, le bruit courut parmi les frères que ce disciple ne mourrait point. Cependant Jésus n'avait pas dit à Pierre qu'il ne mourrait point ; mais : si je veux qu'il demeure jusqu'à ce que je vienne, que t'importe ? C'est ce disciple qui rend témoignage de ces choses, et qui les a écrites. Et nous savons que son témoignage est vrai. Jésus a fait encore beaucoup d'autres choses ; si on les écrivait en détail, je ne pense pas que le monde même pût contenir les livres qu'on écrirait.

151- PROMESSE DU SAINT ESPRIT

Si vous m'aimez, gardez mes commandements. ***Et moi, je prierai le Père, et il vous donnera un autre consolateur, le Paraclet, afin qu'il demeure éternellement avec vous, l'Esprit de vérité, que le monde ne peut recevoir, parce qu'il ne le voit point et ne le connaît point ; mais vous, vous le connaissez, car il demeure avec vous, et il sera en vous. Je ne vous laisserai pas orphelins, je viendrai à vous.*** Encore un peu de temps, et le monde ne me verra plus ; mais vous, vous me verrez, car je vis, et vous vivrez aussi. En ce jour-là, vous connaîtrez que je suis en mon Père, que vous êtes en moi, et que je suis en vous. ***Celui qui a mes commandements et qui les garde, c'est celui qui m'aime ; et celui qui m'aime sera aimé de mon Père, je l'aimerai, et je me ferai connaître à lui.*** Jude, non pas l'Iscariot, lui dit : Seigneur, comment se fait-il que tu aies à te manifester à nous, et non au monde ? Jésus lui répondit : ***si quelqu'un m'aime, il gardera ma parole, et mon Père l'aimera ; nous viendrons à lui, et nous ferons notre demeure chez lui.*** Celui qui ne m'aime pas ne garde point mes paroles. Et la parole que vous entendez n'est pas de moi, mais du Père qui m'a envoyé. Je vous ai dit ces choses pendant que je demeure avec vous. ***Mais le consolateur, l'Esprit Saint, que le Père enverra en mon nom, vous enseignera toutes choses, et vous rappellera tout ce que je vous ai dit. Je vous laisse la paix, je vous donne ma paix.*** Je ne vous donne pas comme le monde donne. Que votre cœur ne se trouble point, et ne s'alarme point. Vous avez entendu que je vous ai dit : je m'en vais, et je reviens vers vous. Si vous m'aimiez, vous vous réjouiriez de ce que je vais au Père ; car le Père est plus grand que moi. Et maintenant je vous ai dit ces choses avant qu'elles arrivent, afin que, lorsqu'elles arriveront, vous croyiez. Je ne parlerai plus guère avec vous ; car le prince du monde vient. Il n'a rien en moi ; mais afin que le monde sache que j'aime le Père, et que j'agis selon l'ordre que le Père m'a donné. Je vous ai dit ces choses, afin qu'elles ne soient pas pour vous un scandale au moment venu. ***Ils vous excluront des synagogues ; et même l'heure vient où quiconque vous fera mourir croira rendre un culte à Dieu. Et ils agiront ainsi, parce qu'ils n'ont connu ni le Père ni moi***. Je vous ai dit ces choses, afin que, lorsque l'heure sera venue, vous vous souveniez que je vous les ai dites. Je ne vous en ai pas parlé dès le commencement, parce que j'étais avec vous. Maintenant je m'en vais vers celui qui m'a envoyé, et aucun de vous ne me demande : où vas-tu ? Mais, parce que je vous ai dit ces choses, la tristesse a rempli votre cœur. Cependant je vous dis la vérité : il vous est avantageux que je m'en aille, car si je ne m'en vais pas, le consolateur ne viendra pas vers vous ; mais, si je m'en vais, je vous l'enverrai. ***Et quand il sera venu, il convaincra le monde en ce qui concerne le péché, la justice, et le jugement : en ce qui concerne le péché, parce qu'ils ne croient pas en moi ; la justice, parce que je vais au Père, et que vous ne me verrez plus ; le jugement, parce que le prince de ce monde est jugé.*** J'ai encore beaucoup de choses à vous dire, mais vous ne pouvez pas les porter maintenant. ***Quand le consolateur sera venu, l'Esprit de vérité, il vous***

conduira dans toute la vérité ; car il ne parlera pas de lui-même, mais il dira tout ce qu'il aura entendu, et il vous annoncera les choses à venir. Il me glorifiera, parce qu'il prendra de ce qui est à moi, et vous l'annoncera. Tout ce que le Père a est à moi ; c'est pourquoi j'ai dit qu'il prend de ce qui est à moi, et qu'il vous l'annoncera. ***Encore un peu de temps, et vous ne me verrez plus ; et puis encore un peu de temps, et vous me verrez***, parce que je vais au Père. Là-dessus, quelques-uns de ses disciples dirent entre eux : que signifie ce qu'il nous dit : encore un peu de temps, et vous ne me verrez plus ; et puis encore un peu de temps, et vous me verrez ? Parce que je vais au Père ? Ils disaient donc : que signifie ce qu'il dit : encore un peu de temps ? Nous ne savons de quoi il parle. Jésus, connut qu'ils voulaient l'interroger, leur dit : vous vous questionnez les uns les autres sur ce que j'ai dit : encore un peu de temps, et vous ne me verrez plus ; et puis encore un peu de temps, et vous me verrez. En vérité, en vérité, je vous le dis, vous pleurerez et vous vous lamenterez, et le monde se réjouira. ***Vous serez dans la tristesse, mais votre tristesse se changera en joie. La femme, lorsqu'elle enfante, éprouve de la tristesse, parce que son heure est venue ; mais, lorsqu'elle a donné le jour à l'enfant, elle ne se souvient plus de la souffrance, à cause de la joie qu'elle a de ce qu'un homme est né dans le monde.*** Vous donc aussi, vous êtes maintenant dans la tristesse ; mais je vous reverrai, et votre cœur se réjouira, et nul ne vous ravira votre joie. En ce jour-là, vous ne m'interrogerez plus sur rien. ***En vérité, en vérité, je vous le dis, ce que vous demanderez au Père, il vous le donnera en mon nom. Jusqu'à présent vous n'avez rien demandé en mon nom. Demandez, et vous recevrez, afin que votre joie soit parfaite.*** Je vous ai dit ces choses en paraboles. L'heure vient où je ne vous parlerai plus en paraboles, mais où je vous parlerai ouvertement du Père. ***En ce jour, vous demanderez en mon nom, et je ne vous dis pas que je prierai le Père pour vous ; car le Père lui-même vous aime, parce que vous m'avez aimé, et que vous avez cru que je suis sorti de Dieu.*** Je suis sorti du Père, et je suis venu dans le monde ; maintenant je quitte le monde, et je vais au Père. Ses disciples lui dirent : voici, maintenant tu parles ouvertement, et tu n'emploies aucune parabole. Maintenant nous savons que tu sais toutes choses, et que tu n'as pas besoin que personne ne t'interroge ; c'est pourquoi nous croyons que tu es sorti de Dieu. Jésus leur répondit : vous croyez maintenant. Je vous ai dit ces choses, afin que vous ayez la paix en moi. ***Vous aurez des tribulations dans le monde ; mais prenez courage, j'ai vaincu le monde.***

152- JÉSUS LE CHEMIN ET LA VIE

Que votre cœur ne se trouble point. Croyez en Dieu, et croyez-en-moi. Il y a plusieurs demeures dans la maison de mon Père. Si cela n'était pas, je vous l'aurais dit. Je vais vous préparer une place. Et, lorsque je m'en serai allé, et que je vous aurai préparé une place, je reviendrai, et je vous prendrai avec moi, afin que là où je suis vous y soyez aussi. ***Vous savez où je vais, et vous en savez le chemin. Thomas lui dit : Seigneur, nous ne savons où tu vas ; comment pouvons-nous en savoir le chemin ? Jésus lui dit : je suis le chemin, la vérité, et la vie. Nul ne vient au Père sans passer par moi.*** Si vous me connaissiez, vous connaîtriez aussi mon Père. Et dès maintenant vous le connaissez, et vous l'avez vu. Philippe lui dit : Seigneur, montre-nous le Père, et cela nous suffit. Jésus lui dit : il y a si longtemps que je suis avec vous, et tu ne m'as pas connu, Philippe ! Celui qui m'a vu a vu le Père ; comment dis-tu : montre-nous le Père ? Ne crois-tu pas que je suis dans le Père, et que le Père est en moi ? Les paroles que je vous dis, je ne les dis pas de moi-même ; et le Père qui demeure en moi, c'est lui qui fait les œuvres. Croyez-moi, je suis dans le Père, et le Père est en moi ; croyez du moins à cause de ces œuvres. ***En vérité, en vérité, je vous le dis, celui qui croit en moi fera aussi les œuvres que je fais, et il en fera de plus grandes, parce que je m'en vais au Père ; et tout ce que vous demanderez en mon nom, je le ferai, afin que le Père soit glorifié dans le Fils.***

153- PRIÈRE DE JÉSUS

Après avoir ainsi parlé, Jésus leva les yeux au ciel, et dit : Père, l'heure est venue ! Glorifie ton Fils, afin que ton Fils te glorifie, selon que tu lui as donné pouvoir sur toute chair, afin qu'il accorde la vie éternelle à tous ceux que tu lui as donnés. ***Or, la vie éternelle, c'est qu'ils te connaissent, toi, le seul vrai Dieu, et celui que tu as envoyé, Jésus Christ. Je t'ai glorifié sur la terre, j'ai achevé l'œuvre que tu m'as donnée à faire. Et maintenant toi, Père, glorifie-moi auprès de toi-même de la gloire que j'avais auprès de toi avant que le monde fût. J'ai fait connaître ton nom aux hommes que tu m'as donné du milieu du monde.*** Ils étaient à toi, et tu me les as donnés ; et ils ont gardé ta parole. Maintenant ils ont connu que tout ce que tu m'as donné vient de toi. Car je leur ai donné les paroles que tu m'as donnée ; et ils les ont reçues, et ils ont vraiment connu que je suis sorti de toi, et ils ont cru que tu m'as envoyé. C'est pour eux que je prie. ***Je ne prie pas pour le monde, mais pour ceux que tu m'as donnés, parce qu'ils sont à toi ; et tout ce qui est à moi est à toi, et ce qui est à toi est à moi ; et je suis glorifié en eux.*** Je ne suis plus dans le monde, et ils sont dans le monde, et je vais à toi. ***Père saint, gardes-en ton nom ceux que tu m'as donnés, afin qu'ils soient un comme nous.*** Lorsque j'étais avec eux dans le monde, je les gardais en ton nom. J'ai gardé ceux que tu m'as donnés, et aucun d'eux ne s'est perdu, sinon le fils de perdition, afin que l'Écriture fût accomplie. ***Et maintenant je vais à toi, et je dis ces choses dans le monde, afin qu'ils aient en eux ma joie parfaite. Je leur ai donné ta parole ; et le monde les a haïs, parce qu'ils ne sont pas du monde, comme moi je ne suis pas du monde. Je ne te prie pas de les ôter du monde, mais de les préserver du mal. Ils ne sont pas du monde, comme moi je ne suis pas du monde. Sanctifie-les par ta vérité : ta parole est la vérité.*** Comme tu m'as envoyé dans le monde, je les ai aussi envoyés dans le monde. ***Et je me sanctifie moi-même pour eux, afin qu'eux aussi soient sanctifiés par la vérité. Ce n'est pas pour eux seulement que je prie, mais encore pour ceux qui croiront en moi par leur parole, afin que tous soient un, comme toi, Père, tu es en moi, et comme je suis en toi, afin qu'eux aussi soient un en nous, pour que le monde croie que tu m'as envoyé.*** Je leur ai donné la gloire que tu m'as donnée, afin qu'ils soient un comme nous sommes un, moi en eux, et toi en moi, afin qu'ils soient parfaitement un, et que le monde connaisse que tu m'as envoyé et que tu les as aimés comme tu m'as aimé. Père, je veux que là où je suis ceux que tu m'as donnés soient aussi avec moi, afin qu'ils voient ma gloire, la gloire que tu m'as donnée, parce que tu m'as aimé avant la fondation du monde. ***Père juste, le monde ne t'a point connu ; mais moi je t'ai connu, et ceux-ci ont connu que tu m'as envoyé. Je leur ai fait connaître ton nom, et je le leur ferai connaître, afin que l'amour dont tu m'as aimé soit en eux, et que je sois en eux.*** Après cela Jésus leur dit : levez-vous, partons d'ici. Il les conduisit jusque vers Béthanie, et, ayant levé les mains, il les bénit.

154- LE POUVOIR

Les onze disciples allèrent en Galilée, sur la montagne que Jésus leur avait désignée. À leurs arrivés, ils virent Jésus et, ils se prosternèrent devant lui. Mais quelques-uns eurent des doutes. Jésus, s'étant approché, leur parla ainsi : tout pouvoir m'a été donné dans le ciel et sur la terre. Comme le Père m'a envoyé, moi aussi je vous envoie. Allez par tout dans le monde, et prêchez la bonne nouvelle à toute la création. ***Ceux à qui vous pardonnerez les péchés, ils leur seront pardonnés ; et ceux à qui vous les retiendrez, ils leur seront retenus. Je vous le dis en vérité, si deux d'entre vous s'accordent sur la terre pour demander une chose quelconque, elle leur sera accordée par mon Père qui est dans les cieux. Car là où deux ou trois sont assemblés en mon nom, je suis au milieu d'eux. Celui qui croira et qui sera baptisé au nom du Père, du Fils et du Saint Esprit, sera sauvé, mais celui qui ne croira pas sera condamné, et enseignez-leur à observer tout ce que je vous ai prescrit. Et voici, je suis avec vous tous les jours, jusqu'à la fin du monde. Voici les miracles qui accompagneront ceux qui auront cru : en mon nom, ils chasseront les démons ; ils parleront de nouvelles langues ; ils saisiront des***

serpents ; s'ils broieront des substances mortelles, et ça ne leur feront point de mal ; ils imposeront les mains aux malades, et les malades, seront guéris.

155- L'ASCENSION

Après qu'il eut souffert, il leur apparut vivant, et leur en donna plusieurs preuves, se montrant à eux pendant quarante jours, et parlant des choses qui concernent le royaume de Dieu. Comme il se trouvait avec eux, il leur recommanda de ne pas s'éloigner de Jérusalem, mais d'attendre ce que le Père avait promis, ce que je vous ai annoncé, leur dit-il ; car Jean a baptisé d'eau, mais vous, dans peu de jours, vous serez baptisés du Saint Esprit. Alors les apôtres réunis lui demandèrent : Seigneur, est-ce en ce temps que tu rétabliras le royaume d'Israël ? Il leur répondit : ce n'est pas à vous de connaître les temps ou les moments que le Père a fixés de sa propre autorité. ***Mais vous recevrez une puissance, le Saint Esprit survenant sur vous, et vous serez mes témoins à Jérusalem, dans toute la Judée, dans la Samarie, et jusqu'aux extrémités de la terre.*** Après ces paroles, il souffla sur eux, et leur dit : recevez le Saint Esprit. Pendant qu'il les bénissait, en ce moment le Seigneur, se sépara d'eux, et fut enlevé au ciel et s'assit à la droite de Dieu. Pendant qu'ils le regardaient, et une nuée le déroba à leurs yeux. Et comme ils avaient les regards fixés vers le ciel pendant qu'il s'en allait, voici, deux hommes vêtus de blanc leur apparurent, et dirent : hommes Galiléens, pourquoi vous arrêtez-vous à regarder au ciel ? Ce Jésus, qui a été enlevé au ciel du milieu de vous, viendra de la même manière que vous l'avez vu allant au ciel. Pour eux, après l'avoir adoré, ils retournèrent à Jérusalem avec une grande joie ; de la montagne appelée des oliviers, qui est près de Jérusalem, à la distance d'un chemin de sabbat *(six stades soit 1110 mètres était la distance que les scribes permettaient aux juifs de faire pendant un jour de sabbat).* Quand ils furent arrivés, ils montèrent dans la chambre haute où ils se tenaient d'ordinaire ; c'étaient Pierre, Jean, Jacques, André, Philippe, Thomas, Barthélemy, Matthieu, Jacques fils d'Alphée, Simon le Zélote, et Jude, fils de Jacques. Tous d'un commun accord persévérait dans la prière, avec les femmes, et Marie, mère de Jésus, et avec les frères de Jésus. En ces jours-là, Pierre se leva au milieu des frères, le nombre des personnes réunies étant d'environ cent vingt. Et il dit : hommes frères, il fallait que s'accomplît ce que le Saint Esprit, dans l'Écriture, a annoncé d'avance, par la bouche de David, au sujet de Judas, qui a été le guide de ceux qui ont saisi Jésus. Il était compté parmi nous, et il avait part au même ministère. Cet homme, ayant acquis un champ avec le salaire du crime, est tombé, s'est rompu par le milieu du corps, et toutes ses entrailles se sont répandues. La chose a été si connue de tous les habitants de Jérusalem que ce champ a été appelé dans leur langue Hakeldama, c'est-à- dire, champ du sang. Or, il est écrit dans le livre des **Psaumes (119 :8)** : *que sa demeure devienne déserte, et que personne ne l'habite ! Et : qu'un autre prenne sa charge !* Il faut donc que, parmi ceux qui nous ont accompagnés tout le temps que le Seigneur Jésus a vécu avec nous, depuis le baptême de Jean jusqu'au jour où il a été enlevé du milieu de nous, il y en ait un qui nous soit associé comme témoin de sa résurrection. Ils en présentèrent deux : Joseph appelé Barsabbas, surnommé Justus, et Matthias. ***Puis ils firent cette prière : Seigneur, toi qui connais les cœurs de tous, désigne lequel de ces deux tu as choisi***, afin qu'il ait part à ce ministère et à cet apostolat, que Judas a abandonné pour aller en son lieu. ***Ils tirèrent au sort, et le sort tomba sur Matthias, qui fut associé aux onze apôtres.*** Et ils étaient continuellement dans le temple, louant et bénissant Dieu.

156- LE SAINT ESPRIT

* LA PENTECOTE : DESCENTE DU SAINT ESPRIT

Le jour de la Pentecôte, ils étaient tous ensemble dans le même lieu. Tout à coup il vint du ciel un bruit comme celui d'un vent impétueux, et il remplit toute la maison où ils étaient assis. Des langues, semblables à des langues de feu, leur apparurent, séparées les unes des autres, et se posèrent sur chacun d'eux. Et ils furent tous remplis du Saint Esprit, et se mirent à parler en d'autres langues, selon que l'Esprit leur donnait de s'exprimer. Or, il y avait en séjour à Jérusalem des Juifs, hommes pieux, de toutes les nations qui sont sous le ciel. Au bruit qui eut lieu, la multitude accourut, et elle fut confondue parce que chacun les entendait parler dans sa propre langue. Ils étaient tous dans l'étonnement et surprise, et ils se disaient les uns aux autres : voici, ces gens qui parlent ne sont-ils pas tous Galiléens ? Et comment les entendons-nous dans notre propre langue à chacun, dans notre langue maternelle ? Parthes, Mèdes, Élamites, ceux qui habitent la Mésopotamie, la Judée, la Cappadoce, le Pont, l'Asie, la Phrygie, la Pamphylie, l'Égypte, le territoire de la Libye voisine de Cyrène, et ceux qui sont venus de Rome, Juifs et prosélytes, Crétois et Arabes, comment les entendons-nous parler dans nos langues des merveilles de Dieu ? Ils étaient tous dans l'étonnement, et, ne sachant que penser, ils se disaient les uns aux autres : que veut dire ceci ? ***Mais d'autres se moquaient, et disaient : ils sont pleins de vin doux.*** Alors Pierre, se présentant avec les onze, éleva la voix, et leur parla en ces termes : hommes Juifs, et vous tous qui séjournez à Jérusalem, sachez ceci, et prêtez l'oreille à mes paroles ! Ces gens ne sont pas ivres, comme vous le supposez, car c'est la troisième heure du jour *(9h du matin).* Mais c'est ici ce qui a été dit par le prophète **Joël (2 :28-29)** *: dans les derniers jours, dit Dieu, je répandrai de mon Esprit sur toute chair ; vos fils et vos filles prophétiseront, vos jeunes gens auront des visions, et vos vieillards auront des songes. Oui, sur mes serviteurs et sur mes servantes, dans ces jours-là, je répandrai de mon Esprit ; et ils prophétiseront. Je ferai paraître des prodiges en haut dans le ciel et des miracles en bas sur la terre, du sang, du feu, et une vapeur de fumée ; le soleil se changera en ténèbres, et la lune en sang, avant l'arrivée du jour du Seigneur, de ce jour grand et glorieux. Alors quiconque invoquera le nom du Seigneur sera sauvé.* Hommes Israélites, écoutez ces paroles ! Jésus de Nazareth, cet homme à qui Dieu a rendu témoignage devant vous par les miracles, les prodiges et les signes qu'il a opérés par lui au milieu de vous, comme vous le savez vous-mêmes ; cet homme, livré selon le dessein arrêté et selon la prescience de Dieu, vous l'avez crucifié, vous l'avez fait mourir par la main des impies. Dieu l'a ressuscité, en le délivrant des liens de la mort, parce qu'il n'était pas possible qu'il fût retenu par elle. Car David dit de lui : *je voyais constamment le Seigneur devant moi, parce qu'il est à ma droite, afin que je ne sois point ébranlé. Aussi mon cœur est dans la joie, et ma langue dans l'allégresse ; et même ma chair reposera avec espérance, car tu n'abandonneras pas mon âme dans le séjour des morts, et tu ne permettras pas que ton Saint voie la corruption. Tu m'as fait connaître les sentiers de la vie, tu me rempliras de joie par ta présence* **(psaume 16 : 8-11)**. Hommes frères, qu'il me soit permis de vous dire librement, au sujet du patriarche David, qu'il est mort, qu'il a été enseveli, et que son sépulcre existe encore aujourd'hui parmi nous. Comme il était prophète, et qu'il savait que Dieu lui avait promis avec serment de faire asseoir un de ses descendants sur son trône, c'est la résurrection du Christ qu'il a prévue et annoncée, en disant qu'il ne serait pas abandonné dans le séjour des morts et que sa chair ne verrait pas la corruption. C'est ce Jésus que Dieu a ressuscité ; nous en sommes tous témoins. Élevé par la droite de Dieu, il a reçu du Père le Saint Esprit qui avait été promis, et il l'a répandu, comme vous le voyez et l'entendez. Car David n'est point monté au ciel, mais il dit lui-même : *le Seigneur a dit à mon Seigneur : assieds-toi à ma droite, jusqu'à ce que je fasse de tes ennemis ton marchepied* **(psaume 110 : 1)**. Que toute la maison d'Israël sache donc avec certitude que Dieu a faite Seigneur et Christ ce Jésus que vous avez crucifié. Après avoir entendu ce discours, ils eurent le cœur vivement touché, et ils dirent à Pierre et aux autres apôtres : hommes frères, que ferons-nous ? Pierre leur dit : ***repentez-vous, et que chacun de vous soit baptisé au nom de Jésus Christ, pour le pardon de vos péchés ; et vous recevrez le don du Saint Esprit. Car la promesse est pour vous, pour vos enfants, et pour tous ceux qui sont au loin, en aussi grand nombre que le Seigneur notre Dieu les appellera.*** Et, par plusieurs autres paroles, il les conjurait et les exhortait, disant : sauvez-vous de cette génération perverse. Et ils s'en allèrent prêcher partout. Le Seigneur travaillait avec eux, et confirmait la parole par les miracles qui l'accompagnaient.

* LES DONS DE L'ESPRIT DE DIEU

-**l'esprit de sagesse** : *c'est grâce à cet Esprit que chacun reconnait la Grandeur et le bon sens de Dieu à travers toutes ses œuvres incroyables et sans pareil.*

-**l'esprit d'intelligence** : *c'est par lui que nous voyons comment intelligent de Dieu est grande. En regardons comment il a su mettre chaque chose à sa place selon la dimension qu'il lui faut de sorte que l'un ne vienne perturber l'autre dans son activité.*

-**l'esprit de conseil** : *c'est le don qui nous donne la capacité de discerner le bon du mauvais ; ce qu'il faut faire et ce qu'il ne faut pas faire ; où aller et où ne pas aller.*

-**l'esprit de force** : *c'est cet Esprit de Dieu qui nous fortifie dans les moments difficiles en tant qu'enfant de Dieu, afin de persévérer dans la foi.*

-**l'esprit de connaissance ou de science** : *c'est le don de percevoir les mystères de Dieu caché. C'est par cet Esprit que Dieu nous révèle par exemple les choses qui ne vont pas bien dans une communauté ou lors d'une délivrance compliquée.*

-**l'esprit de crainte de l'Éternel** : *c'est par celui-ci que nous reconnaissons qu'en dehors de Dieu, il n'y a pas de plus grand, ni de plus fort que lui. Cette crainte est à la fois une manifestation d'amour (d'espérance) pour ceux qui sont ses enfants et une terreur pour ses ennemis.*

-**l'esprit de piété filiale** : *c'est honorer Dieu, avoir un lien étroit, une complicité avec lui.*

* LES FRUITS DE L'ESPRIT SAINT

- La joie - La paix - Le service - La patience - La bonté - La bénignité (amabilité, bienveillance) - La fidélité - La douceur - La tempérance (modération, la maitrise de soi) - La foi - L'espérance - La charité (l'amour)

Mais la plus grande de ces choses, c'est la charité.

* DONS SPIRITUELS DE L'ESPRIT SAINT

- Le don d'apôtre ou missionnaire - Le don de prophétie - Le don d'enseignant ou docteur de loi - Le don des miracles - Le don de guérir- Le don de secourir - Le don de gouverner - Le don de parler diverses langues

* CE QUI BLOQUE L'ACTION DE L'ESPRIT SAINT

- L'impudicité *: (absence de retenu, de bienséances) ;*

- La dissolution *: (séparer un couple ou un groupe uni) ;*

- L'idolâtrie *: (adorer des idoles : les fétiches ou même le fait d'aimer quelque chose à l'excès comme l'argent.) ;*

- La magie *: (soumettre à sa volonté des puissances surnaturelles de les invoquer ou de les conjurer) ;*

- Haine ;

- Les querelles ;

- Les sectes anti-christ - L'envie - L'impureté - Les jalousies négatives - Les animosités - Les dispute - Les divisions

- L'ivrognerie ;

Les excès de table, et les choses semblables. Je vous dis d'avance, que ceux qui commettent de telles choses n'hériteront point le royaume de Dieu.

NOTES :

Printed by Books on Demand GmbH, Norderstedt / Germany